社群零售

新零售时代的模式变现

李恺阳 / 著

中华工商联合出版社

图书在版编目(CIP)数据

社群零售：新零售时代的模式变现 / 李恺阳著. —— 北京：中华工商联合出版社，2020.11
ISBN 978-7-5158-2878-7

Ⅰ.①社… Ⅱ.①李… Ⅲ.①零售业-商业模式-通俗读物 Ⅳ.①F713.32-49

中国版本图书馆CIP数据核字（2020）第 195972 号

社群零售：新零售时代的模式变现

作　　者：	李恺阳
出 品 人：	李　梁
责任编辑：	李　瑛　孟　丹
特约编辑：	孔德媛
责任审读：	郭敬梅
责任印制：	迈致红
出版发行：	中华工商联合出版社有限责任公司
印　　刷：	北京毅峰迅捷印刷有限公司
版　　次：	2022 年 1 月第 1 版
印　　次：	2022 年 1 月第 1 次印刷
开　　本：	710mm×1020mm　1/16
字　　数：	180 千字
印　　张：	13.75
书　　号：	ISBN 978-7-5158-2878-7
定　　价：	58.00 元

服务热线：010—58301130—0（前台）
销售热线：010—58302977（网店部）
　　　　　010—58302166（门店部）
　　　　　010—58302837（馆配部、新媒体部）
　　　　　010—58302813（团购部）
地址邮编：北京市西城区西环广场 A 座
　　　　　19—20 层，100044
http://www.chgslcbs.cn
投稿热线：010—58302907（总编室）
投稿邮箱：1621239583@qq.com

工商联版图书
版权所有　侵权必究

凡本社图书出现印装质量问题，请与印务部联系。

联系电话：010—58302915

序言
PREFACE

如今是一个商业觉醒的时代，不仅是线下的实体门店在考虑新出路，线上的传统电商们也在寻找新模式。在以用户为中心的观念越来越盛行的今天，谁都希望自己的产品能够直达用户，品牌能够成为用户的消费信仰。同理，消费者的使用需求也在逐步升级，对体验感的重视推动了新购物理念的形成。

过去的营销思路，主要是以明星代言为核心的硬软广告结合的方式，但是对于那些觉醒的消费者来说影响力越来越弱，所以情感营销、体验经济、场景化消费成为了商家的新选择。简单地讲，商家和用户的很多中间环节正在被摧毁，信任和情感成为了产品的重要附加值，甚至成为成交的必备条件。

那么，什么方式能够把信任和情感整合在一起呢？社交。唯有社交，才能让用户对产品、商家乃至品牌背后的故事产生情感，而情感也是一种消费需求，甚至在某种程度上大于实际需求，这是情怀的价值，也是信仰的力量。所以，在传统电商的营销套路已经不起成效的大环境下，以社交为核心的社群零售走上了前台。

社群零售，从表面上看是新的营销模式，但从本质上看，不如解读为新的社交模式，因为它要更多地遵循人际交往的基本法则，在此基础上延伸出商业行为，只有从这个角度去理解它，才能在实操中把握住要点，否则就变成了打着朋友的旗号卖货的低端行为，友谊的小船随时可能倾覆。

社群零售不只是一种选择，也是目前看得清前途的出路。随着移动互联网的快速发展，传统模式的线上营销已经没有可观的红利，无论是大型企业还是个体商人，获客的成本都逐年增加，面临着巨大的生存压力，社群零售成为一种必然。

拼多多的上市，已经用事实证明了社交关系应用在商业领域的变现能力，也让社群零售有了强大的实践支持，甚至一些以线下营销为主的行业巨头，也开始涉足社交零售，比如娃哈哈、蒙牛、王老吉等等，直接促进了一众社交零售平台的强势崛起。

社群零售作为一种新模式，它的先进性主要体现在为终端用户创造更大的价值，是充分利用社交关系中的情感和信任两个元素才取得了成功。当然，产品的质量仍然不能被忽略，这是社群零售的基本底线，而它的上限应该是为用户提供定位更精准的产品和服务，这样才能真正打破传统线上营销的窠臼。

满足用户的情感诉求，寻找产品营销的新出路，打造利益共同体，这些都是社交零售所要完成的任务，想要进入这个领域的人，都应把这些任务当成是使命，一切以用户为中心，以用户的需求为根本驱动力，最大限度地和线下营销相融合，这样才能从单一模式升级到多维模式，从平面关系到立体关系，练就金刚不坏之身。

目 录

Part 1 盘点网络社群营销的那些事儿

网购style：实体店是这么被打垮的 / 002

Web2.0：线上营销就是用户为王 / 006

硬软广弱爆了，"病毒营销"才是杀招 / 009

体验式营销：先让客户"动手"才能"动心" / 014

好口碑带动非理性消费 / 018

网络社群=线上"熟人社会" / 022

"网络营销+"最适合时代的节奏感 / 026

Part 2 造星运动：社群零售怎么打造品牌

品牌营销和社群零售的"鱼水关系" / 032

大象和冰箱：品牌形变分几步 / 037

一夜成名：把品牌塑造推进高速公路 / 041

反思，为什么你的品牌没有灵魂 / 045

穷人创业攻略：零成本气死高投入 / 050

攻心为上：品牌无缝对接的启示 / 054

社群结构：品牌决定学院派OR哥特风 / 058

魅力人格体：用户的爱是盲目的 / 062

Part 3 看社群零售的"降龙十八掌"

一招鲜吃遍天："买一赠一"永不过时 / 068

一网打尽：客户的朋友还是你的客户 / 072

"电商＋社群"："双十一"是怎么变成消费狂欢的 / 076

会员制让消费者"倍儿有面"地花钱 / 080

妈妈社群：赚女人的钱就是赚一家子的钱 / 084

客户策略：一手交钱，一手交情 / 088

精神股东：让消费者为你出头 / 092

Part 4 粉丝经济：群主和群友的互动套路

好社群画像：一个表情包能激起千层浪 / 098

让你的社群每天都能"吸粉" / 102

好群主等于半个CEO / 108

社群变现，不怕套路老，只怕套路少 / 112

清空旧思维，从布局营销系统开始 / 117

你妈喊你砍价：亲友群的消费拉动能力 / 121

Part 5　和消费者玩"零距离接触"

拉客户，先做"基建狂魔" / 128

客户分类：鲸鱼和木鱼都喜欢海吗 / 132

醒醒吧，一千种产品要有一千种销售策略 / 136

客户挽留：想想那些年怎么和前任复合的 / 140

消费黏着度：营销故事越多越好 / 144

选对场景，社群才能"爆"到最大 / 149

舆情控制，唯快不破 / 153

Part 6　LBS实现社群自动化运行

用户打卡：到店签到的转化潜力 / 160

商圈启示录：聊聊门店的"地缘政治" / 165

用户召之即来，自动聚集有妙用 / 169

物理距离和话题热度成正比 / 174

网格化：谁的用户谁领走 / 178

开门送温暖：细数社区推广的小策略 / 182

Part 7　社群零售新玩法

大数据就是高科技的新魔法 / 188

你的KPI让消费者去提高 / 192

抢资源不如抢地盘，抢地盘不如抢用户 / 196

新零售入口：哪里风大就从哪里吹 / 202

乱点鸳鸯谱：连接思维要放开 / 206

盘点网络社群营销的那些事儿

网购 style：实体店是这么被打垮的

Web2.0：线上营销就是用户为王

硬软广弱爆了，"病毒营销"才是杀招

体验式营销：先让客户"动手"才能"动心"

好口碑带动非理性消费

网络社群＝线上"熟人社会"

"网络营销＋"最适合时代的节奏感

网购style：实体店是这么被打垮的

实体店难做，已经是不争的事实了。不过，有些实体店的老板们还是想不通，卖的牌子够档次，微笑也够真诚，资金底子也不差，怎么就被打败了呢？其实，说被打败有点不够严谨，不如说网店具备的优势是这个时代需要的，是这种销售方式把实体店逼到了一个尴尬的角落里，特别是社群零售这种新模式出现以后，精准度提升了，客人几乎都被拦截在网上了，实体店面临着消费者的"断流"危险。

不过话又说回来，在网购已征服多数人的今天，与其分析实体店为何式微，不如分析一下网店的优势有什么，这样一来，你才能更清楚做社群零售该如何避险，否则就会走上实体店的老路。

第一，定位精准。

实体店是敞开大门做生意，选址是学问，可选完址以后，什么客人到店里就有点听天由命了。不客气地说，大部分实体店都没有准确的定位，可是你要专门去问这些老板，他们准会拍着胸脯说："我对自己的客人还不了解吗？怎么能是定位不准呢？"别被这种豪言壮语吓着，你可以接着去问客人是什么类型，估计老板会告诉你是"二十多岁的女性顾客"，也就仅此而已了，可是这个年龄段的女性消费心理是一样的吗？消费能力是一样的吗？这显然不是精准的划分。

像这种能说出"二十多岁女性顾客"的老板还算好的，有的实体店开业，纯粹是看到了客流量，相当于网上的流量算法，可流量和流量也不一样，有的人对价格敏感，有的人对品牌敏感，同样是流量，可心里琢磨的东西是不一样的。

实体店的尴尬在定位，反过来看，网店就必须重视定位，因为顾客不是随便打开网页跟着人流进入哪个店铺的，他们往往是主动搜索，先圈定一个大范围，然后再一家店一家店地看，还可能进行价格、销量、信誉等降序或者升序排名，所以谁定位不准确，那就比实体店死得更快。

那么，社群零售又该怎么做呢？它可是比网店更精准的销售形式，是先把一部分潜在消费人群拉过来，然后诱导消费，因此锁定哪一类人群就是重点了。

第二，运营系统"缺钙"。

什么是运营系统？老板是整个店的"头部"，员工是"四肢"，团队管理是"血液循环系统"，客户管理是"呼吸系统"……这些都是运营系统的组成部分。不过,很多实体店还真没这么比喻过,他们能看到的都是明面上的东西,比如门脸、装修、价格,真要问他们有多少老客户、多少新客户,库存多少、损耗多少,没几个人能回答清楚。

相比之下,网店的诞生就是和数据紧密相连的,因为你能看到在售货品的浏览数量,能看到平台的流量,还能随时计算库存等等,单就在数据管理这一块做得很清楚,而员工和团队相比于实体店要少很多,也避免了一些现实问题,天然就不太"缺钙"。

和网店相比,社群零售天然就不需要复杂的运营系统,基本上几个人甚至一个人就能搞定,因为社群零售是几个成形系统的整合,比如群主相当于销售终端,而产品生产和运输交给其他人,做好客源就成功了一大半。

第三,产品系统不全。

产品系统就是围绕产品的设计、管理、维护等相关环节的整合,包含的内容十分丰富,可惜的是,很多实体店的老板只会卖产品,很多金牌店员只会销售话术,但是问他们什么是产品解决方案,就没几个人知道了。打个比方,卖衣服的实体店想冲冲业绩,一般也就是靠着消费的黄金期打打促销广告,玩玩价格明降暗升的套路,再弄一些打折券、代金券的老法子,基本上就能成了。可是,这种产品系统是不全的,它没有激发起和客户的互动,导致他们缺乏忠诚度,谁便宜就奔着谁去,翻脸比翻书还快。

相比于实体店,网店对客户的了解程度要高不少,客户只要下单了，姓名性别地域甚至职业都能摸个八九不离十，加上大数据整合分析，客户在网店那里基本上没有什么隐私，所以多数网店就能把客户维系得很好，并通过线上不断地发出营销信息，这就是销售的连贯性，让整个产品系统都充实起来了。

网店虽然有产品系统上的优势，可要是跟社群零售相比还是差一截，因为社群距离消费者更近，关系也更简单直接，能避开产品管理、客户维护这些挠头的问题。曾经有互联网公司做过一项调查，问大家生鲜类的商品都去哪里买，结果很多人都回答说通过社群购买，因为简单方便，信任度高，免去了货比三家的麻烦，这足以证明社群零售正在成为一个主力的购买点。

说白了，社群零售整合了网店和实体店的优势：网店的信息优势和数据优势，实体店的地缘优势和送货优势，所以才把目标客户轻松地吸引过来，又天然避开了运营系统和产品系统的复杂性，把实体店和顾客之间的弱关系变成了社群环境下的强关系，创造了比网店更优质的体验感。

归根到底，社群零售的出现，植根于消费者的需求升级，他们渴望获得一种更快捷的购物方式：既不想上街也不想上网。自然，拥有着熟人基础的社群就成为了首选。回头看看，实体店在互联网冲击下被严重挤压了生存空间，而网店在移动互联网的发展中也遭遇了新对手，这是大势所趋，也是社群零售要抓准的发力方向。

Web2.0：线上营销就是用户为王

如果让你选择一个卖货的时代，你会去哪儿呢？别急，先给你两个选项：工业化时代，移动互联网时代。

估计有人会想，选什么选，还是留在自己的时代好啊！事实真是这样吗？工业时代，成交一桩买卖很容易，有需求就行。比如你的耙子坏了，就得从铁匠那儿买一把，也没什么款式的选择，能用就行。可是，如果在移动互联网时代，你的耙子坏了，会直接找个地方买吗？未必，你可能会货比三家，可能要看有没有品牌信仰，可能要研究一下产品设计是不是让自己满意……说白了，需求只是成交的基本条件，感情和信任才是决定因素。

现在划重点：工业时代是产品为王，移动互联网时代是用户为王。所以，你想靠着囤货卖出一批爆款来，根本不可能了，因为用户比过去更挑剔，你的耙子只有一种功能不是优势，便宜也不是优势，最好配上一个品牌故事，比如和猪八戒的九齿钉耙有设计渊源等，总之销售优势是体现在多方面的。

时代变了，用户的体验感是主要的，那么在线上营销就是以人为本，最大限度地满足用户的需求，不仅给他们有功能的产品，还能照顾到他们的精神需求，把经营产品的思路变成经营用户，只有这样才能主动求变，在用户产生新需求的时候就能作出反应。

为什么Web2.0是互联网的新时代？仅仅就是因为2.0等于两个1.0吗？不，是因为和Web1.0相比，Web2.0是以用户主导而产生内容的互联网产品模式，说白了用户可以和网站互动，可以实现用户之间的互动，参与感更强。

有些人大概是对线上营销产生了误解，为了多卖产品而疯狂搞营销推广：百度竞价排名，上！页面广告，推！结果呢？这种路子其实还是传统电商的路子，而且还得有很多票子让你去挥霍。

现在该醒醒了，卖产品不是靠这种简单的营销和推广，就算要走这条路也得玩点高级的，而最简便的方法是直接去"抓人"。现在，人们的生活习惯、上网习惯以及购买路径早就发生了变化，百度的号召力大不如前便是最好的证明，你还那么在意竞价排名吗？所以，问题还是要回归根本：社群零售的商业模式。

这个模式和传统电商相比没那么复杂，它的主要工作就是经营用户，所以基于用户就是模式的立足之本。有的人总觉得，我手里握着紧俏货，找几个用户还不容易吗？如果你有长生不老药当然没问题，但如果只是普通产品，你这自信是谁给的呢？要知道，产品不过是基础条件，用户才是资产。

有人觉得，流量比用户更重要，因为流量本身就包含着用户，流量能够带动用户走向早已设定的目的地，可现实是流量为王的时代已经过去了。2018年，中国的网民数量达到了8.29亿，这个数字已经触及到了天花板，想要翻番是绝对不可能的，那么在流量的总数不会有太大变化的前提下，大家争夺的蛋糕大小也就固定了。对比之下，大公司还好办，资金雄厚，产业布局早，小公司就比较麻烦了，获客成本太高，以淘宝直通车为例，从5分钱点击一次上涨到几角钱甚至几块钱，成本越来越高，所以90%的淘宝店不赚钱还真不是什么耸人听闻的夸张说法。

现在，比较成功的一种用户经营模式就是"存量整合+用户经营"。存量就是你已经吸引过来的用户，怎么对他们进行调查和分类等即为整合，而经营就是看你怎么发挥用户的最大价值，比如回头客的增加，比如客人再介绍客人……顺着这条思路，社群零售就应运而生了。

社群零售和传统电商最大的不同，就是把产品卖给用户是关系的开始而不是结束。不管你是企业还是个人，都要通过社群这种方式把用户聚合起来，关上门一个都别放出去，不管用什么办法都要把他们留住，这是第一步。留下来以后，通过信息分享、线上线下活动增加用户之间的熟悉程度，这就是第二步。小米手机当年能够扩大销量，就在于前期经营"米粉"的成功，让用户参与到miui的设计中，大家玩得开心了，归属感有了，痛点就被干掉了，以至于把论坛当成自己家，这样的用户还能轻易跑到别人那里去吗？

做社群零售，就是要让它成为用户的精神家园，可不是把一堆互相不认识的人聚集到一起就完事大吉了，一定要针对用户的痛点提出解决方案，用心修正，等着去听用户的尖叫，这样你的产品才是给用户设计的，而不是留着给你自娱自乐的。

存量整合，靠的是数学和经济学，而用户经营靠的是心理战术，想要打造爆款，就得先把用户脑子里想的东西都挖出来，然后对应到每一项产品功能上，再推向市场，那时候等着你的就是订单了。

当用户被聚集起来以后，经过合理的经营手段，你还可能获得新用户，这时你积累了经验，积攒了口碑，你的老用户就能帮着你给新用户"洗脑"，这样整个社群的黏性也增强了，你还有了数量更多的鲜活样本，设计产品的时候思路会更清晰，如此一来，不出爆款都难。

硬软广弱爆了，"病毒营销"才是杀招

"病毒营销"是一个听起来有些可怕的名字，事实上，它应该是世界上最受欢迎的"病毒"了，因为对商家来说，这种植根于互联网的营销方式能够凭借用户的口碑进行高速的受众间宣传，能够

在短时间内直达数以万计甚至百万计的受众群体，不必让商家一个用户一个用户地告知，而是让用户去传递用户，把潜在用户转化为用户……如果阿基米德活到现在，他会自豪地说："给我一根足够长的'营销杠杆'，我能撬动整个地球的市场。"

正因为病毒式营销快速的传播特点，它的作用已经超过了传统的硬广告乃至后起的软广告，因为受众对硬广告的宽容度很低且存在严重的审美疲劳，至于软广告，虽然比硬广更巧妙更委婉，但受众消化起来需要时间，也很难进行二次传播，所以相对来说病毒式营销更胜一筹。最重要的是，病毒式营销代表的并非是某种具体的广告形式，而是一个活的广告载体，它的"宿主"就是每一个用户。

既然"病毒"的发病率如此迅速，那么怎样打造一个"病原体"就尤为重要。"病原体"是什么？它就是病毒式营销的内核，包含着两个元素，一个是产品本身，另一个是产品的"包装"，这个包装当然不是外包装，而是如何打动用户的"软包装"，想弄清这个概念，我们先来思考一个问题：用户凭什么要主动充当你的宣传载体呢？

你要传播的内容在用户眼中并不是广告，因为没有多少人会跟身边的人讲自己看过什么广告，而病毒式营销的内容通常是有意思的或者有价值的信息，受众对它二次传播的时候能够获得一种快感甚至是成就感，这就是他们甘当宣传渠道的原动力，即被"软包装"打动了。

反观传统的大众媒体广告，这种能够打动用户的"软包装"几乎不存在，因为那种广告架构本身存在着很多致命缺陷。

首先，干扰性强。想想看，当你在某个视频网站观看梅西的帽子戏法时，突然蹦出一个广告弹窗挡住了"梅球王"的一记妙传，你是不是会一边关闭广告页面一边在心中骂娘？如果这个弹窗多次蹦出来刷存在感，你甚至会对它的广告内容产生厌恶感，于是这种干扰性就起到了负面作用，受众怎么可能帮助它传播？

其次，接受环境复杂。再来设想一下，如果你刷完了国际体育新闻，想要买一双足球鞋过过脚瘾，于是登录淘宝去浏览商品，这时候也会跳出各种小弹窗向你进行推荐，但你的注意力会被页面上五花八门的各种广告分散，最多只是匆匆浏览一眼那些小弹窗，然后写上跳过，从而忽略了某条广告中最重要的信息——"全部商品1折起售"，当然这不怪你，是因为环境干扰因素太多。

再次，天然的抵触情绪。不夸张地讲，几乎每个人都是看着广告长大的，尤其是在互联网不发达的传统媒体时代，打开电视和广播，翻开报纸和杂志，各种广告都排着队地闯进你的视野中，严重影响了你的观看体验，进而使你对广告产生抵触心理，不管广告做得多么有诚意，只要你发现它的存在就会本能地回避，直接隔断了你和有价值信息的接触机会，那你怎么可能变成广告的载体呢？

这些就是传统媒体广告的弊端，它让受众和信息产生对抗情绪、误会乃至彻底隔离。那么解决这些问题的关键点在哪儿呢？还是在受众身上，是受众对传统广告的讨厌和轻视造成了信息传播的不畅，要想解决这个问题就要让受众的体验发生变化。

2017年，一款名为《旅行青蛙》的手机游戏上架，在2018年1月18日到19日出现了第一次大爆发，紧接着迅速攻占朋友圈、微博、知乎等各大社交平台，吸引玩家无数，即便是不想关注这款游戏的人也总能看到它出现在朋友的状态中、微博的热搜上，以及知乎的提问中。

这就是典型的病毒式营销，而《旅行青蛙》的每一个用户就是一个活的广告载体。下面，我们就来分析一下是什么构成了这款游戏的"病原体"内核。

第一，活用流行概念——"佛系"。

"佛系"是近几年出现在网络上的一个名词，意思是静观其变、不强求不抗争的一种人生态度，而《旅行青蛙》的产品设计理念就是如此，你不能操作这个小青蛙去哪里，唯一能知道的就是它终究会回来，一切只能随缘。"随缘"不仅是一种佛学观念，更是一种人生态度，它极具传染性，因为一个人修炼与世无争的态度比争强好胜更容易，这就能打动那些"看破尘世"的人，在朋友圈子中快速传播。

第二，了解用户的消费态度——"不氪金"。

"氪金"是游戏界的一种说法，是指在玩游戏（主要是网络游戏）中是否会产生充值、购买装备等消费行为，随着不少人对游戏的狂热度降低，不氪金也成为一种游戏态度和消费态度，而《旅行青蛙》则反其道而行之，让人们可以零成本去玩一款流行游戏，不设置任何门槛，对理性消费人群很有说服力，自然就扩大了"病毒"的传播范围。

第三，弄清大众的心理诉求——"养萌宠"。

随着单身潮的袭来，越来越多的人喜欢养猫养狗来陪伴自己，但是对于一些人来说并没有合适的饲养条件和环境，于是就出现了"云养猫""云养狗"这样的特殊群体——在网络上观看别人发布的萌宠照片或者视频来满足饲养的需求。《旅行青蛙》恰好解决了人们对养萌宠的渴望和现实困难的矛盾，让玩家在虚拟世界里当萌宠的"狗妈猫爸"，这正是弄清了现代人的焦虑和空虚的心理诉求，增加了人们的接受度。

第四，精准定位细分市场——"女性用户"。

正如很多病毒都有最适合的感染人群一样，病毒式营销也不是在任何一个群体中都能实现高速传播的，它必然有一个最适合的群体，而《旅行青蛙》的产品理念和操作方式符合女性用户的某些特征，比如和男性相比更敏感、更细腻、更有耐心，而且女性对寂寞孤独等负面情绪的感知度也更强烈，存在着陪伴需求，这就决定了她们会接受一款不激烈、不刺激、不暴力的休闲游戏，只要在女性用户的社交圈子里出现第一个玩家，就会迅速扩充至整个圈子，这不仅是一种跟风，也是三五好友聚在一起八卦的谈资，这就直接导致女性用户更容易被"感染"甚至征服。

从传统营销的角度看，病毒式营销的核心无非是找到卖点再去寻找对应的用户群体，这并没有什么特别之处，但区别在于，这个卖点一定是适合在互联网上快速传播的。还是以《旅行青蛙》为例，用户传播它只需要发几张游戏截图和文字，就能让没玩过的人瞬间获得游戏体验感，加上它背后的理念设计与当代人的某些心理相契合，就具备了强大的传播力。归根结底，病毒式营销的关键词是"病原体"，只有当它能够快速感染新宿主时，它才有机会把更多的人改造成"活体广告"，这也正是病毒式营销的可怕和可爱之处。

体验式营销：先让客户"动手"才能"动心"

　　海尔集团的张瑞敏说过一句话：整个家电还有没有出路？肯定是没有出路了，只能是从卖产品到获取终身用户，只能是社群经济。

　　答案有了，可是这个答案只是方向上的，社群靠什么撑起网络营销的下半场呢？靠的不是社群本身，而是社群带来的商品体验，换个角度看就是怎么做好体验式营销去赢得社群客户。

　　阿里巴巴的张勇认为，零售和科技之间的化学反应才能催生新零售。作为一种新生模式，社群零售也要遵循新零售的某些法则，这个法则就是建立体验式营销。

说起体验式营销，人们第一反应是想起实体店，说来也许很尴尬，体验感怕是实体店目前最大的竞争优势了，同理也是网店的最大缺憾。体验式营销，简单说就是站在用户的角度，通过感官、情感、思考等方面重新设计，是一种新型的营销思路。有人可能觉得，既然网店都没办法搞体验式营销，社群零售又何必费这个力气呢？

问题就在这儿，普通网店面对的是流水的客人，体验营销设计成本太高，说不定还出力不讨好，可社群零售就不一样了，你不是要设计家的感觉吗？不是要给用户归属感吗？那你就得和传统电商不一样。既然走了家的路线，你就要考虑怎么触动用户的感性思维，让他们体验到产品之后就冲动消费，毕竟都是在"家里"被安利的。

有人觉得体验式营销可能会产生额外成本，不如给用户发几张图片算了。其实，体验式营销并不是非得让你把产品给用户试用，因为体验主要包含着四个因素：客户对产品的第一印象；客户能够感知到产品的功能性；客户能够意识到产品带来的便利；产品能否给客户带来更多的影响。总结起来就是"看、听、用、参与"。说得直白一点，只要你能刺激客户的感官和情感，让他们能和产品发生互动，就达到了目的。

有一个做糕点的小哥，自制了一种点心，结果没人敢吃，最后他把糕点进行小份包装，给路人甲乙丙丁试吃，结果一碰舌头都成了脑残粉，生意那叫一个红火。再有，很多电商其实也在搞体验式营销，比如京东的七天无理由退货，虽然有人借此钻了空子，不过对大多数人来说是一个了解产品、触发购买行为的机会。那么，社群零售有什么理由不去搞体验式营销呢？

体验式营销只是一种思路创新，不是刻意让你增加多少成本，就拿卖糕点的小哥来说，制作过程中总有些边角余料吧？总有些食材要过期吧？与其白白浪费掉，不如让利给路人甲，说不定就能套牢一个死忠粉。

社群零售，做的是同好，做的是熟人，做的是信誉，要是舍不得让用户体验一下，人家凭什么在你的群里傻乎乎地被种草呢？而且，体验式营销也是具有"传染性"的，只要让一个用户获得了体验感，人家也能帮你宣传，一传十十传百，有些人甚至不用亲自体验就直接下单了。毕竟，体验过才说好，听起来还是更真实一些。

如今已经进入消费升级时代，客户对产品寄予了更多的情感，这些其实都是产品之外的东西，但又和产品无法分割，所以体验才是决定他们是冲动消费还是理性消费的关键。更准确地讲，体验式营销是和客户的心灵找到一个契合点。就拿三只松鼠来说，定位年轻时尚女性消费者，她们喜欢网购，喜欢追剧的时候吃零食，讲究品质，就从印象上赢得了体验式营销的高分，比如漫画形象设计、纸袋包装等等，不用免费给客户吃松子、开心果，一眼看过去就爱上了。

现在，中国社会已经进入了高度互联网化的时代，80%以上的是手机用户，20%是电脑用户，人们的日常生活越来越依赖互联网，于是社交体验和情感体验成为了两大存在。回头再看看社群零售，不也是整合了社交和情感吗？所以，体验式营销就是社群的标配。同样，为了把客源从传统电商和实体店那里抢过来，社群必须把每一个吸引过来的客户当成稀缺资源，不断深耕黏着，把他们打造成终生客户，而只有体验式营销才能让他们爱上社群，爱上产品。

既然谈到了爱，我们就来看看体验式营销最常用的一招——情景体验。

什么是情景体验？你使用的产品所在的场景和这个场景衍生出的认知和情感，就是情景体验。打个比方，一台笔记本电脑，主要的应用场景是办公室，那么这台电脑能快速帮你处理信息，衍生的就是"这电脑帮了大忙"的认知和"这牌子真让人省心，爱了爱了"的情感。所以，你要想让客户掏钱购买，就得把这个情景体验还原出来。比如，用一张在办公室里高效工作的背景制成的海报，显示出用了这台电脑的人效率高，而没用这台电脑的人抓耳挠腮、心急如焚……这就是通过看来还原，让有过类似经历的人心领神会，体验式营销就成功了。

情景体验，其实设计起来并不复杂，关键在于你是不是真的愿意去了解，如果你"懒癌"发作，不想知道客户都是在什么环境中使用产品的,那只能堆数据自卖自夸,缺少说服力;如果你过分自信,总以为摸清了客户的心理,那你设计的体验式营销往往沦为"自嗨",客户根本不会动心。

归根结底,洞察到客户的实际困境,再帮助他们高效率地解决,这才是人家选择你的产品的初心。也只有当情景高度还原了,给了客户虚拟的满足感,他们才能给自己明确购买动机。对于一个社群来说,你的存在就是帮助客户解决问题的,客户通过你的社群知道你一直在琢磨他们,以用户思维设计产品,他们自然能明白你的苦心,这就是把社交做好了,人情也有了,赚钱也就水到渠成了。

好口碑带动非理性消费

金杯银杯,不如口碑。老祖宗的话还是有几分道理的。

想当初,在互联网刚起步的阶段,但凡是在网上卖东西的都能轻松获利,因为获客成本低,所以吸引了一波创业浪潮,那时候口碑似乎也不怎么重要。可是,随着流量红利的逐渐消失,这种好日子一去不复返了。现在是以各社交平台主导的移动互联网时代，比如微信捧红了拼多多，可以说是流量去中心化的趋势越来越明显，所以各大媒体才纷纷追捧社群零售。

社群零售对应的是什么呢？快节奏的生活场景。这个场景无外乎两个极端，要么省钱，要么优质，这两个字整合在一起，就是口碑。

一件东西便宜能用，造福大众，这是好口碑，拼多多就是最好的典范。一件东西贵但优质，这也是好口碑，传统的高档专卖店就是例子。

省钱，一直是影响消费者购买与否的重要依据，虽然现在进入了消费升级时代，可"便宜货"仍然在一些人眼中带着闪闪发亮的光环。能给消费者省钱的东西，当然能轻易获得好口碑。对于社群来说，省钱的产品很容易带动人们去宣传，辐射的人群也更广。

优质，是伴随着用户需求升级的产物，意味着商家把"好"做到了极致，极致到了让人们忽略价格的地步，这也是很多收入不高的人却哭着喊着买奢侈品的主要动力，外加上品牌的溢价效应，同样对消费者具有诱惑力。对于社群来说，优质的产品有很大的包装空间，能够赋予产品特殊的价值，营销的纵深意义很大。

总而言之，不管你抓住了省钱还是优质，都可以通过附加这两个标签的产品和消费者分享，如果能适当地加上一点让利的话，就很容易沉淀老用户，实现口碑传播。老用户的黏着度增强了，才能给新用户和潜在用户良好的印象，给口碑注入生命力。

打造口碑，要当成战略去重视，更要细化成战术去执行。只重视战略，容易变成商家的自吹自擂；只重视战术，容易把口碑做得不伦不类。具体点说，要把重点工作放在两个方面上，只要将二者加强并充分结合，提升产品口碑就指日可待。

一方面，创造正面的信息并传递给消费者。

正面的信息，包含了产品自身的信息，比如功能性、差异性、便捷性等等，这是信息的"内核"，此外还有关于产品的故事，如品牌故事、售后案例、营销活动等等，这是信息的"外围"。无论是哪个部分的信息，都对消费者具有引导作用，你的产品质量过硬或者服务十分周到，这些都有助于提升口碑。至于选择内核还是外围的信息重点做，这个要看你的产品特点，如果资金雄厚就可以双管齐下，如果没有硬核优势，那就多讲点品牌故事，多展示一下产品和用户之间的和谐关系，总之必须抓住一个可以做文章的点，哪怕不够大，但必须是正面的。

打造正面信息并不难，做好两点即可。

第一，留给消费者好印象。

用户第一次接触产品时形成的印象，会决定以后对同类产品的认知，久而久之就会变成一种习惯。国外曾经做过一个实验，学校刚开学的时候让学生们评价新老师，等到学期结束前又测评了一次，结果发现学生对老师的第一节课和最后一节课的评价没有多大变化，这就说明了第一印象的重要性。所以，你的产品要在视觉、形象、外观这些可见的因素上多下功夫。

第二，培育价值心理。

所谓"价值心理"就是消费者对产品的看法，是"你的产品具备别人没有的东西"，这才是吸引用户注意力的关键。当然，如果你的产品想破脑袋也找不到别人没有的东西，那还是老老实实地争取点印象分，比如包装走心、服务贴心等等，千万不要"没优点编个优点也要上"，这只能搬起石头砸自己的脚。

另一方面，打造多样化的人际接触网络。

没有人帮你宣传，形象再正面也没法传播出去，所以必须架构人际接触网。无论是企业社群还是个人的社群，都可以把手中的客户或者熟人的资料进行归纳统计，大体上分成强势接触总人数和弱势接触总人数两大类别，然后重点突击强势的，对弱势的考虑提升，这样整个网络的平衡性就得到了兼顾。此外，你还要注意自己的接触圈有什么特点，比如接触的办公室文员比较多，就要注意他们二次传播的范围可能不是很大，因为职业所限接触的人并不多，可如果是销售、律师、会计师这些职业，他们帮你传播口碑就更容易一些，这就是你要细化并攻坚的部分。当然，接触圈只有传播性的差别，自身并没有好坏之分，一定要保持圈子的多样性，不能把鸡蛋都放在一个篮子里。

构建口碑需要时间和心血，需要销售认真接待每一个消费者，哪怕对没有产生消费行为的客户也要给予对方宾至如归之感，这样才能形成好口碑的不断传播。口碑的吸引力在于能够产生"隔山打牛"的效果，也就是对还未曾见面的潜在客户形成吸引力，让他们慕名而来，这样才能实现持续传播的目的。

口碑的培育确实耗费心血，可一旦建立起来，就能让消费者形成惯性依赖，而习惯一旦养成就很难被打破，这就是产品和用户的默契，而社群起到的作用就是强化这种默契。

不管在哪个时代，营销模式是多变的，可是"商道"是不变的，无外乎是创造需求、了解人性而已，区别只在于时代不同了，选择的渠道和方法不一样罢了，而口碑营销永远都不会过时，必须常抓不懈。

网络社群=线上"熟人社会"

不知道你发现没有，所有商业竞争的背后，其实都是信任度的竞争。玩品牌信仰的，看重的是对这个牌子的信任度；炒作产品概念的，看重的是对这个概念的信任度；开展价格大战的，看重的是对这个价格的信任度……总之，你总得有一样东西拿出来让消费者信服。那么，社群零售靠的是什么信任关系呢？熟人。

当然，社群和社群不一样，有商家组建的社群，有个人自己拉的社群，可不论是哪一种，都是在社交这个大主题下建立的，就相当于一个半封闭的熟人社会。熟人社会催生的是熟人经济，微商就是如此，在没有互联网的时代也是如此。如果你想买一台电视，有朋友在卖肯定会去他的店里，这是基于信任，而不是他的宣传有多好或者给你多优惠的价格。

相反地，如果没有熟人，消费者在选择卖家的时候也要看信任度，比如好评、店面装修、服务态度等等，线上线下都是如此。归根结底，没有信任就没有交易。经营社群零售，就是在经营一个熟人社会。

如果你经营的是企业社群，群成员之间虽然比较陌生，但是因为大家都购买了同样的产品，都对该品牌有一定的了解甚至是死忠粉，而这些共同点就是进一步强化熟人氛围的关键。特别是在社群中加入新客户以后，群里的老客户就能起到口口相传的作用，哪怕新客户对他们的熟悉程度不如商家，但同为消费者，天然就存在着亲近感。

如果你经营的是个人社群，那么群成员之间的熟悉程度就会提高不少。因为群里的人大多数是管理者的亲人、朋友、同学、同事等等，也包括一些酒肉朋友和点头之交，再就是由群成员后期拉进来的陌生人。在这种社交氛围中，社群管理者就要起到重要的调和作用，不仅强化单个人和自己的熟悉程度，也要强化群成员之间的熟悉程度，这时候大家社交的基础就不再局限于产品，而是人情世故。

熟人社会，容易让人产生误会：我只要做好熟人的生意就好了。这可是大错特错的，如果真是顺着这条思路，还要社群零售干什么？直接拉一个亲友群不就万事大吉了吗？现实的情况是，熟人中去掉非受众群体，再去掉无消费能力的群体，转化率也是微乎其微的，能给你带来大把银子的不是那屈指可数的发小，恰恰是那些点头之交甚至点赞之交的"半生不熟"的人，你要做的就是把他们拉到熟人圈子里去变现，这才是对熟人经济的最佳诠释。

社群零售，从本质上看就是熟人经济和信任经济，听起来是两个东西，但本质上却是互相依托的：因为是熟人，所以才信任，因为信任会转变为熟人。所以，在打造这两个元素的时候千万不要分开，要并成一股道。

怎么把半生不熟的人转变为熟人呢？这对于企业背景的社群和个人背景的社群都是一样的，那就是持续地在线上进行互动，不断挖掘共同点。有了共同点，人和人才能产生一见如故的感觉，才会在心理上产生"既然认识他，不如就在他那里买东西"的潜意识。

对企业社群来说，产品是最好的抓手，分享品牌的故事，分享打折优惠的信息，分享产品的使用心得，都能把不熟悉的关系升级为熟人，哪怕是线上熟人，也能让你具备竞争优势。

对于个人社群来说，关系是最好的入口。心理学上不是有一个"六度分隔理论"吗？意思是：一个人和任何一个陌生人之间所间隔的人不会超五个。你可以尝试用这套理论强化和你不熟的人之间的关系，同理也能密切群成员之间的关系，时间一长信任感就增强了。

曾经火爆一时的微商，为什么到今天几乎销声匿迹了呢？原因当然有很多，其中很重要的一条就是完全脱离了熟人社会，走向了"刷脸经济"和"颜值经济"，动不动就通过某渠道添加好友，然后就能看到对方刷屏卖产品，这样的商家你敢碰吗？还不如老老实实上淘宝，起码那里的卖家在意你的差评，而且还有第三方支付保驾护航。简而言之，微商的衰退就是走出了熟人圈子，哪怕是连"半生不熟"的过渡都没有，更没有什么社群经营的手段，这就是从强关系转到弱关系的典型案例。

事实上，熟人社会衍生的熟人经济在日后会成为一种稳定的商业模式，只是借用这种模式的人不能走微商的老路，不能把信任破坏掉。那么，信任经济是什么呢？从定义上看和熟人经济差不多，都是通过影响力和人脉来驱动的利益交换。区别在于，熟人经济的影响力可以不是硬核的，比如某人性格开朗交际面广，这也算一种影响力，但信任经济的影响力要达到大V、达人、网红这种级别，有一个客观的评价标准。

在网上，大V可以发动粉丝买东西，达人可以对产品进行评测，网红直接打广告……这些都是信任经济的运营模板。当然，对于企业社群和个人社群来说，这条路并不是非常适合，所以还是回到共同点上——影响力。

做产品也好，做关系也好，都要把影响力当成信任经济的支撑点，哪怕这个品牌知名度不高，哪怕群管理者无名无姓，但是你可以经营你的态度、你的概念，甚至是你的热情，这些软核的影响力一样能驱动群成员发生消费行为。

社群零售正在变成一个风口，但这个风口能把多少斤的猪吹上天，并不取决于模式本身，而是社群管理者自身的影响力，越强则代表熟人社会程度越高，反之就会在变现的路上一波三折。所以，做社群经济就要强化群成员内部的互动，这样才能充分释放社群零售的价值，把"老板"变成"老铁"，这就是你要死磕的目标。

"网络营销+"最适合时代的节奏感

引流魔盒、裂变营销、病毒传播……这些倒退20年听不懂的词，如今都是各大营销课堂的关键词了，尤其是裂变，听起来不禁让人想起细菌繁殖，可懂营销的人都知道，这就是钱生钱啊。于是乎，就有了裂变式社群——"人生人"。

虽然国家现在开放二胎了，可是"人生人"的裂变式社群却没怎么跟上来，反而是精细化的小众社群正在成为主流。原因很简单，大社群管理难度高，众口难调，凝聚力比较差，而小社群定位精确，管理容易，线上和线下活动开展方便。所以，小社群无论对企业还是个人，运营起来优势更大。当然，要想真正调动起社群的活跃度，最大限度变现，就必须充分结合"网络营销+"的模式。

前几年流行的词汇是"互联网+"，即线上和线下相结合，那么"网络营销+"，针对社群零售就是把社交和网络营销相结合，想要做好这个融合，就得先弄清网络营销有哪些特点。

第一，不受时空限制。

你辛辛苦苦弄了一个社群，最终的目的肯定不是聊天骗表情包，而是为了卖产品变现，说得格局更大一些就是占有市场。由于互联网能够超越时间和空间的限制，所以就能让营销脱离时间地点的限制，进行"隔空交易"。那么对社群零售来说也是如此，不用非得找一个大家都有空的时段，而事实上这个时段可能并不存在，毕竟人们职业不同，生活背景不同，你要做的是让信息不受时空限制。打个比方，你想在群里推广一款净水器，但是这个产品涉及到很多专业知识，群友难免会提出问题，而你又不能保证实时回答，那就干脆把你能想到的疑问事先就整合在消息里，这样大家一看也就是了解个大概，剩下的问题也就好解决了。否则，你只推荐了产品却没做功课，大家七嘴八舌地问了半天，让你的回复被淹没，推广效果会大受影响。

第二，表达多样化。

丰富的媒体表达形式，这是互联网本身具备的优势，也是网络营销常用的手段，比如文字、声音、图像和视频等等，这些都是为了顺利完成交易而设定的表达方式。既然做了社群零售，你就要知道群成员们对哪一种表达形式更敏感，或者针对产品采用哪种方式更适合。比如美食类的商品，用图片展示是传统方法，但无法表现出制作过程，特别是新鲜度这个可能的卖点，所以用视频的方式去呈现，更能激发起人们的购买欲。相对地，有些产品外观形象不重要，重要的是概念，那么一篇软文的效果就会更强。同理，面对高知人群，文字类配合图片和视频可能更有说服力，而面对低龄人群，短视频的冲击力会更强。总之，你要针对产品和用户去选择媒体表达方式。

第三，互动性更强。

人们通过互联网可以了解产品的外在形象，特别是现在很多商品借助3D展示就更加立体了，但这还不够，还要给消费者更多查询、了解以及反馈的机会，比如在群里发布外部链接做市场调研，或者借助某个小程序去展示产品更多的细节，总之要给群成员互动的获得感，这样既能凸显产品本身的吸引力，也能展示出社群的可靠性。

第四，个性定制。

去逛实体店，人家装修成什么样子就是什么样子，而如果去浏览网页，那就可以选择颜色、亮度、文字大小等等，这也是一种个性化的特征，是Web2.0时代的思路转换。同理，社群零售也不是信息的搬运工，把一个产品的说明书、活动信息转发进来就完事了，要针对群成员的某些共同特征进行宣传，而非强迫性的，这样才是人性化的促销方式。比如，你想推荐一款儿童果泥，就要先了解群成员的孩子主要集中在什么年龄段，然后根据这个年龄段选择最适合的款式，这样不仅推荐起来更有针对性，也能展示出社群对用户的用心。如果有条件的话，还可以根据群成员的需求定制产品本身、包装、送货渠道等等，这样更能刺激大家的购买欲望。

第五，高效和便捷。

在线下推广产品，成本再低也是要花钱的，就算不弄铺天盖地的广告牌，起码也要用上X展架、易拉宝、传单这些宣传物料，而在线上就可以低成本甚至零成本推广，这就是高效，同时也给消费者接收信息带来了便捷。当然，真正高效的还是大数据，这对于在组建社群的时候最重要，通过大数据能更快地拉人进来，能够更快地获得产品的最新信息，而这些就是你捕获和沉淀用户的手段。怕就怕组建了社群，采用的营销思路还是十年前的，那社群就贬值了。另外，高效性意味着你能预判商机，比如产品和旅游有关，那么在假期前可以查询到相关的订票、订房等信息，提前了解群成员的动向，再结合网络营销就能事半功倍了。

以上是"网络营销+"的五大特点，也是针对社群零售最有价值的特点。除此之外，在日常营销时还要注意一些细节。比如推送消息，最好不要每天都发，这样会加重社群的商业味道，哪怕你做的就是企业社群也会让人反感。最理想的是一个星期一次，其中可以穿插一些软性的宣传，比如品牌故事，和产品有关的社会新闻等等，尤其是针对女性用户的化妆品，可以衍生出脸部保养知识、化妆品选购等等，总之要怀有利他之心，不能只憋着赶快让群友们掏钱。另外，在推送消息的时候，最好是"一图流"，一张图文或者一个长图片就能承载所有信息，避免被其他群成员发送的信息吞没。

如今是快节奏的时代，网络营销的出现也不是一天两天了，但是真正要把它和社群零售相结合，从概念上讲有一个融合过程，从操作上讲有一个磨合过程，你可以在这些过程中犯错，但不能犯错后一脸无辜，这样就会葬送来之不易的人脉积累。

Part 2

造星运动：
社群零售
怎么打造品牌

品牌营销和社群零售的"鱼水关系"

大象和冰箱：品牌形变分几步

一夜成名：把品牌塑造推进高速公路

反思，为什么你的品牌没有灵魂

穷人创业攻略：零成本气死高投入

攻心为上：品牌无缝对接的启示

社群结构：品牌决定学院派 OR 哥特风

魅力人格体：用户的爱是盲目的

品牌营销和社群零售的"鱼水关系"

如今娱乐圈里的流量，有一部分是真才实干自己拼上来的，也有一部分是老天赏饭造星造出来的。同样，商业圈子里的品牌也逃不出这些定律，自带流量的品牌，那就是顶级流量。想想看，为什么社群零售被人追捧？关键就在于它能够缩短产品和消费者的距离：企业和用户的距离，个人和圈子的距离，社交和变现的距离。缩短这些距离必然需要一座桥梁，这座桥就是品牌营销。

我们知道社群零售有熟人社会的色彩，熟人之间的关系维护，靠的就是人与人的信任，而信任的始发站就是口碑，没有口碑半路就走丢了，上哪儿去找信任呢？当然，有人会说，口碑可以在线上孵化，也可以在线下培养，凭什么非得依靠社群呢？

其实，社群对口碑营销可是有天然优势的，比如口碑传播、收集用户需求和提升用户忠诚度等方面，甚至有的企业会专门通过社群去营造口碑，反而把销售产品放在次要的位置上，更有甚者，有的企业会通过社群让用户参与到产品的研发环节中，真正让人家过一把当上帝的瘾。

对于品牌营销来说，在进行口碑传播、收集用户需求、提高用户忠诚度等方面，社群有其他渠道无法比拟的天然优势。运营出色的社群甚至通过社群销售产品，亦或让用户直接参与产品研发。

那么，社群都能满足品牌的什么需求呢？

第一，影响力。

影响力其实是一个比较空泛的概念，满大街打上广告，给人感觉就是有了影响力；商圈里选了最好的位置，让人觉得影响力势不可挡；找了流量明星做代言，影响力似乎天下无敌……没错，这些都是品牌影响力的直观表现，可有的华而不实，有的烧钱烧得让你想哭，有的纯粹是面子工程。其实，真正的影响力，是融入到用户生活中的。

反馈生活，是社群自带的功能。群友们发送几张去哪儿玩的照片，分享一篇有感悟的文章，这都是反馈生活，也是品牌切入到用户中的发力点。所以，经营产品的口碑，就要通过社群一点一点地渗透进去。打个比方，你代理了蜂蜜类的保健品，牌子还不够响，硬推没人搭理，那就不妨每天早上分享一篇正能量的美文，然后配上一杯冲好的蜂蜜水作为配图，久而久之，就会在一些人中产生印象，继而引起好奇，聊着聊着就能拐到蜂蜜的话题上，再顺藤摸瓜讲几个品牌故事，就能在社群中构建初步的影响力了。

产生影响力不是根本目的，它只是一个过程，最终是为了让用户对产品有认同感，当你不断地通过社群去提升影响力的时候，其实就在客观上产生了"权威效应"，让用户觉得这个品牌就是专业的，才能逐渐被说服，最后变成死忠粉。

第二，转化力。

所谓转化力，就是将用户的关注变为实际购买的行为。影响力只能让品牌镀上一层光圈，会把潜在客户吸引过来，但掏不掏钱还是无法确定的。对于社群的管理者来说，要将大家对品牌的良好认知变成消费的冲动，就要不断去刺激他们。就像那杯早晨的蜂蜜水，它可以和品牌形象挂钩，但是真的让用户掏钱，就得以"功效"去唤起，比如和群成员聊天的时候说出喝蜂蜜水之后的身体变化，当然要讲究话术策略，不能说得太多直白，也许说一次两次没什么效果，可只要坚持下去就能起到潜移默化的作用。

当然，转化力是需要循序渐进的过程的，尤其是要在影响力初步构建之后，通过留意群成员的反应一点点来推进，不能一蹴而就，否则影响力就成了营销的虚假泡沫。不过，也没必要老老实实地等着用户作出反应，你可以主动地在社群里引出和产品有关的话题，聊着聊着就会转移到产品上，这时再做营销效果就会好很多。

第三，获得用户的反馈。

产品的生产是一个漫长的过程，不是说设计完了，宣传好了，销售掉了，就可以无限循环下去了，还要面对来自市场和竞品的挑战，还要接受用户的反馈，不断修正，升级甚至更新换代，这样才能继续维系品牌形象。社群的作用就是通过线上和线下不断收集、截获用户的反馈，可以采取直接询问的办法，也可以通过私聊的方式，还可以聆听群成员之间的谈话……这些都能成为改良产品的第一手资料。

用户的反馈就是品牌不断优化的动力，当然反馈和反馈不一样，有的用户可能存在使用错误或者某种偏见，给出了极端的反馈，更有甚者还会阻拦其他人购买。遇到这种情况，首先要了解清楚问题出在哪里并积极解决，如果解决不了，也不要限制该用户在社群中的言论，而是做好沟通，尽量让对方减少负面性质的发言。如果对方就是不给面子，继续散布负面言论，那就只能用围魏救赵的办法化解危机：找一个和产品无关的话题和该群成员沟通，给予对方发表极端观点的机会，让其他群成员意识到其错误的观念，就能联想到之前对产品的恶意攻击，从而让其失去可信度。当然，这是万不得已的做法，轻易还是不要尝试。

有人统计过，很多品牌社群的生命周期只有两年，最终走向沉寂和衰亡是难以避免的，因为这不仅涉及到群管理者自身的能力，也和品牌生命力、市场风向以及社会大环境有关。虽然听起来有些悲观，不过我们完全可以凭着主观能动性延缓这个衰微的过程，不断增强社群的活跃度，让生命周期的曲线走向平稳。

那么，怎样才能从社群的角度延缓品牌走向衰败呢？可以从组织架构上入手，这就是社群内部生态产生的积极作用。通常，一个完整的社群应该包含三个部分。

第一个部分，核心群。主要成员是群的管理者、管理助手、意见领袖等等，他们应该具有对产品和社群的独特认识，能够理性思考。

第二个部分，组织群。主要成员是社群的运营者，能够对核心群提出的观点和信息进行解释并引导大家互动。

第三个部分，扩散群。主要成员就是其他群成员了，他们能够对产品的品牌和口碑进行二次传播。

当你认真地把社群分成架构明确的层级之后，就能准确地把信息传递出去，并知道谁能助推，谁是垂直目标。如果分工不明确，定位不清晰，那就无法让信息有效地传播出去，甚至容易在内部引起混乱。如果是个人社群，总人数上可能不多，但从架构上看还是一样的，顶多核心群只有你自己一个人，但是组织群必须要有人，他们是和你利益相关的支持者，能够帮助你传递信息并化解危机，而扩散群就是在利益和情感上和你比较疏远的人了。

只有层级明确，分工清楚，你的社群才能做好内容，而它就是填充品牌的原料。打个比方，你精心设计一个品牌故事，讲了以后很多人对内涵的东西没领会透，这就需要组织群帮你解释一下，而不能是你亲自解释，因为这代表着除你之外没人听懂，必须要让"学生给学生讲题"，才不会让人们认为"老师无能"。那么，故事讲完了，大家领会了，才能形成话题，才能有广泛的讨论，而在讨论中就能强化互动，产生激情，在社群中形成良性循环，让品牌更加深入人心。

大象和冰箱：品牌形变分几步

这个世界上没有什么是一成不变的，科技会进步，产品会换代，同样，品牌也是要更新的。当然，品牌事关企业的形象，能不动尽量不动，但是在必要情况下也须进行"形变"，这不是朝三暮四，而是适应时代和市场。

品牌形变就是品牌更新，从定义上讲，是用新的品牌替代原来的品牌。通常，一个品牌一旦被用户、社会认识以后，就会长期存在于人们心里，形成固有的印象，要更改确实不易。但是，如果这个印象是负面的，或者不再被人关注，那么更新就是拯救它于水火的灵丹妙药。说得高大上一点，就是品牌创建和发展中的必然要求和结果。

打个比方，你原来的品牌核心价值是针对30多岁的职场白领，可是随着城市化的进程，市场需要下沉，你面对的可能是来自小镇的20岁青年，那么品牌的形象就必须重新包装和设计。道理很简单，你用不合脚的鞋去给别人试穿，人家要么不搭理你，要么把你的品牌当成异类，这还怎么去玩社群营销呢？

说一千道一万，我们给品牌变形，是为了更好地在社群中发挥作用，否则只能给社群的管理者拖后腿。那么，怎样才能合理地完成品牌更新呢？

第一，找准症结所在。

当一个品牌发生问题的时候，可能有内部因素，也可能是受到外部环境影响，常见的有品牌进入衰退期、品牌定位失败、遭遇竞争对手的联合绞杀等等。那么，你就要根据病症开药方，比如衰退的就年轻化，定位失败的就重新定位等等。

李库柏牛仔裤是世界著名的服装品牌之一，1908年在英国诞生，100多年来品牌形象都在不断变化，从20世纪40年代的"自由无拘束"到50年代的"叛逆"，几乎每隔十年就进行一次调整，成功的形变让它稳稳地占领了市场，这就是基于品牌定位的形象更新。

当然，如果你只是一个社群管理者，没有直接改变品牌形象的能力，那也可以用你自己的能力上限去包装。比如，你代理的品牌过于本土化，缺少时尚感，而你的竞争对手直接走上了日韩风，这时你可以通过社群去传递给大家一个信号：其实你的品牌玩的是复古潮流。单靠这句话肯定不够，你还得想办法把品牌中没有亮点的元素打上强光，例如从冷门的日韩影视剧中找到对应你品牌审美的美妆或者服饰，然后告诉大家你们早就走在新潮的路线上了。总之，必须对症下药，精准释义，才有信服力。

第二，以市场为中心。

千变万变，最终还是离不开市场，而市场的中心永远是消费者。有的品牌因为理念陈旧，导致在设计上跟不上时代，就不得不作出改变。美国著名的七喜饮料，在进入软饮料市场后，发现可乐饮料经常和保守型的人结合在一起，而那些比较新潮的人希望找到狂放不羁的标志物，于是七喜马上更新形象，鼓励新潮者组织各种活动，在两大可乐公司的包夹下找到了新的市场生存空间，这就是按市场规律办事进行的品牌更新。

具体在社群零售上，你可以通过调研闲聊等方式，关注你的受众目标在想什么，然后把品牌中能够靠近消费者的东西都调动起来，这样也是在向市场靠拢。打个比方，你的品牌就是不吸引年轻人，就是和市场大潮对着干，与其费劲说服消费者，不如在抖音上拍几个有趣的小段子，虽然是换汤不换药，但是毕竟包装变了，仍然可以吸引一部分人的注意力，而这个也是品牌更新的手段之一。

第三，不断创新。

创新，是企业发展的动力，也是维护品牌形象适应时代的关键。当你的品牌和时代、消费者脱节的时候，改变品牌内涵有些困难，但可以拓宽产品线，从不同的角度切入，一样可以更新品牌形象，让更多的消费者接受。打个比方，原来你的品牌只聚焦在绿色蔬菜上，但是发现很多年轻人不怎么做饭，都是点餐下馆子居多，那就拓宽蔬菜这个限定，跨界到水果中，以绿色为主题，给大头蒜和车厘子找个共同点，过渡一下就能改变品牌的形象。看看日本的索尼公司，一直都在开辟新市场空间，曾经在六个月里推出上百种音像设备，只有用创新吸引住消费者的目光，你的社群才有话题和热度。

第四，持续发展。

虽然品牌可以更新，消费者也能够接受更新，但是更新也有一个尺度，你不能把一个定位为新女性为消费群体的品牌改换成中老年男性为消费群体的品牌，更新跨度必须有个限制范围，超出范围就不是持续发展了，而是另立门户，丢失的是大片的消费者。品牌更新的目的是永葆品牌的活力和青春，不能为了更新而更新，除非你的品牌资产已经到了"负债累累"的程度，否则必须自然而然地调整。你看李库柏的牛仔裤，虽然每十年都换一个口号，但是时代背景之下人们的观念本来就在革新，你变他也变，所以人们才能接受。如果前十年和后十年没有显著的认知差别，你还硬着头皮去形变，只能让消费者产生陌生感。

养乐多是一个外来饮料，在中国的乳酸菌饮料市场占据绝大部分市场份额。多年来不少竞品都换了包装，但是养乐多却没变，看起来是没有适应时代，其实是在表达"我在坚持如一"，毕竟包装这种东西并没有实质性的刺激作用，有的人反而喜欢从老包装上找怀旧感，所以品牌要尽可能地包装持续性，至少在某一个方面，这样才能不断地和消费者建立、巩固和深化感情。

对于社群营销来讲，无论是时代、市场还是产品本身，都不是一成不变的，所以在日常的维护中，避免把一些话"说死"，要留有余地，要创造空间，这不算诡辩术，而是在给你的品牌打造一种格局：能够充分地迎合时代，能够无限地包容用户。说到底，品牌形变是一个考察"眼力价儿"的工作，它可以当成一项战略，时刻准备着，必要时出手，而一出手就必须有成果。

一夜成名：把品牌塑造推进高速公路

2020年，亚洲权威品牌评价机构Asiabrand，给了来自佛山的"陶元帅瓷砖"一个惊人的全面评估——128.58亿。在瓷砖界引起了轰动。没错，这就是品牌价值。

有品牌就有了号召力，也就有了生命力。现在，玩社群零售的人越来越多，有人觉得这是市场发展的趋势，其实从另一个角度看，这是个体的崛起。为什么这样讲？哪怕你管理的是企业社群，大家都是冲着这个品牌来的，可是日常管理社群、和群成员互动的并不是品牌，而是管理者，那么管理者个人能力的强弱就十分重要，而企业只能作为一个背景。自然，如果你经营的就是个人社群，那个体的作用就更突出了。

一句话：社群的发展离不开个人品牌。否则，即便你背靠大树，可管理不善，没人愿意听你的，被换掉甚至被淘汰就是迟早的事。

这么一说，有些人会感到迷茫：个人品牌怎么打造呢？还是那句话，选择比努力更重要。只有当你明确了方向以后，才有成功的可能。那么选择的方向有哪些呢？

第一，自己真正感兴趣的。

兴趣是最好的老师，当你喜欢一个领域的时候，你才能集中注意力，也愿意投入进去，做个人社群正是如此，不能一味地把资源优势当成首要考虑，因为社群经营不是三两天的事儿，你有货源但是没知识储备，怎么能持续地出货呢？又怎么能让大家把你当成权威呢？只有兴趣才能让你不断地聚焦一点上。

企业社群虽然没有个人社群那么多选择，却可以有侧重点。比如，你代理的是母婴产品，而你自己却是个丁克，这好像脱离了你的关注范围，但是你可以从人体健康发展的角度介绍母婴产品的功能和价值，跳脱出"母亲"和"孩子"的概念，这就是选择不同的切入点做同一件事。

第二，市场需求不断增长的领域。

做人不能太任性，当你的兴趣实在无法帮你变现或者没有明确的兴趣时，不如直接找那些新兴的行业和领域，因为是刚起步的，所以了解的人不会太多，这时你只要拿出一部分精力扎进去，就会比别人收获得更多，从信息获取上先人一步，这就是你未来经营社群的资本。

第三，竞争不够激烈的。

实话实说，不是每个人都能在市场浪潮中翻云覆雨、逆转乾坤的，如果你对自己不够自信或者不想冒险，那就选择竞争对手少的领域，当然收益可能也没那么理想，不过能让你养活自己并保留实力，也是可以考虑的。

当你锁定一个发展方向之后，你的个人品牌就要沿着这条路慢慢积累了，这时你要学会的就是操盘的技能，给自己的社群营销之路做好铺垫。

首先，你要选择一个合适的细分领域。

个人品牌，讲究的是在具体的领域中给受众的印象，所以这个领域越细分越清楚。当然，这要根据你自身的情况来决定，比如你是做数码产品的，这个领域目前还没有多少人去玩社群营销，那就把自己定位成数码社群营销的专家，无论是经营企业社群还是个人社群，都能成为你的一面旗帜。这里有一个小技巧可以尝试：把不同的词组合在一起，就成为一个新的领域，比如"家庭数码产品社群营销第一人"，报出这样的名头没人敢质疑，因为大家都是第一次听说。不过，小技巧不能当饭吃，这只是帮你做做表面功夫而已。

细分领域要想玩得飞起，一定要注重受众的感受，因为个人品牌的好坏与否，最终还是取决于用户的感受，比如你给自己定位"丧葬咨询第一人"，这样的名头听着没问题，可谁愿意没事接触你呢？所以，一定要让品牌定位有感情、有温度、有内涵。打个比方，你就是一个卖咖啡豆的，天天在群里发促销广告，可能没几个人会买，对外去宣传你的咖啡有多好喝，也不过和摆摊的小商小贩同一档次，但是，如果你给自己竖起的品牌是"咖啡文化传播第一人"，组建的是以咖啡文化为主题的社群，给人的印象就完全不同了，因为它避开了人们对广告天然的抵触心理，跟你聊几句咖啡豆圆不圆都是满满的文化感。

然后，你要学会在细分领域站稳脚跟。

当然我们不能太乐观，也许你进入的细分领域有了第一人，你连第二人都算不上，不过对方并不真的比你强多少，那么这时候不要后退，要想尽办法打倒第一，这就需要采取精准狠的行动。最直接的就是动用一些媒体资源，发表文章和视频，或者干脆成立自己的讲堂，证明你才是当之无愧的第一名。记住，动用媒体可不是花几个钱就完事了，你要把自己的关键词融入进去，而这个关键词就是你个人品牌的标签。还是以咖啡文化传播第一人为例，你宣传的核心是"咖啡是暴走的茶，茶是睡着的咖啡"，那就可以把这句话大量甚至重复地输出，让人们发现你宣传的独特之处，进而发现你的个性，再用你的个性去和那个占着坑的第一人相比，自然你就更有优势了。

哪怕你进入的领域第一人确实有真才实学，而你还是个初学者，那也不能过于谦虚，因为人们只能记住行业第一，你越是谨慎越难有出头的机会，因为即便你低调了，人们也会觉得你是本事没到位，所以不如找一个能够发力的点跟第一名变相竞争，哪怕是玩概念斗嘴，就算不能真的打败对方，也能蹭走对方身上的流量。

当你逐步在一个领域有了受众，有了关注度之后，脚跟自然慢慢站稳了，当然这距离真正的成功还有很远，你还需要一点一点地经营好个人品牌。当你越是了解一个领域的时候，你在这个领域能抓取到的用户就会越来越多，而他们都是你在未来组建社群的星星之火。

过去是先有产品再有消费者，现在是先有人品才有产品，这个人品就是品牌的人格化。无论你是狂傲还是偏执，无论你是先锋还是复古，总之你的个人品牌都要展现出你的个性，这样才能牢牢地把社群攥在手心，别人来了也抢不走。

反思，为什么你的品牌没有灵魂

现如今"炒鞋"成为了新生的行业，而炒鞋的人没有不知道莆田鞋的，一是因为质量好，二是因为历史悠久，所以才在当代的文化狂潮中坚挺不倒，用炒鞋圈的话说，莆田鞋有灵魂。

品牌的重要性，人人都知道，可是真到了上手的时候，要么迷糊了，要么在错误的道路上越走越远。其实，无论是企业品牌还是个人品牌，都需要灵魂。没有灵魂的人是浑浑噩噩的，没有灵魂的品牌也只能随波逐流。

品牌的灵魂就是核心价值。

你知道20世纪最流行的三个词是什么吗？"上帝""她""可口可乐"。

1886年诞生的可口可乐，怎么就有了如此大的魅力呢？当然人家的成功之处有很多，不过聚焦在品牌上，就是它能散发出浓浓的正能量：乐观向上，勇于面对困难。1886年，可口可乐的第一个广告就是："可口可乐，可口！清新！快乐！活力！"虽然距离现在已经一百多年了，可如果你翻翻可口可乐的广告语，核心基本都是一致的，这就是品牌的灵魂。

品牌必须深深铭刻在别人的心里，这样才能拥有无穷的生命力。因为灵魂就是核心价值，它才是驱动消费者购买的精神动力，特别是在产品同质化的时代，喝了都能解渴，味道也没差太多，为什么有的人就选择了可口可乐而抛弃了百事可乐呢？还不是精神上有了深度的认同。

既然品牌的灵魂就是核心价值，那我们就要在这方面做文章。一般来说，核心价值分为三个部分：功能价值、象征价值和情感价值。

第一，功能价值。

一个产品是用来干什么的，这是品牌立足的基础，如果可口可乐越喝越渴，那么再能传递正能量都不管用，因为这个品牌连站起来的资本都没了，还能继续跑吗？既然是立足根本，就要把产品的功能做好：是手表，计时就必须准确；是洗衣粉，去污能力就要强；是签字笔，书写就要顺滑……总之，功能做不好，强行营销就等同于欺诈了。

当然，功能做好以后，还得把实用性表现出来，而这就是社群零售需要的。我们看看飘柔对实用价值是怎么说的——"头发更飘，更柔顺"。没错，要把洗发之后的效果展示出来，这才能体现出实用性，而不是洗头的时候多么舒爽，结果风干之后粘连成一片。顺着这个思路，做社群零售的时候，就要把大家想要的效果表达出来，而不要吹嘘一些抽象的数据、概念之类的，那些只能作为辅助手段。只有当大家觉得功能价值很高的时候，才愿意购买。

第二，象征价值。

象征价值就是这个品牌代表了什么？比如人生哲理、审美情趣、身份地位等等。这些东西不是实用的，是比较内涵的，符合个性化时代表达自我主张的欲望。看看奔驰车，它代表着"权势、财富和成功"，这就是它和一般汽车品牌相比之下的象征价值，而不在于它能跑多快或者多省油。那么，通过社群零售去传播象征价值，就应该多来点"洗脑"的东西，让大家知道你的品牌能够和什么关联在一起。打个比方，你的群成员里单身女性很多，那就可以关联女权，然后衍生的就是自由、独立和平等等概念。有了这些概念，你甚至可以不去吹嘘产品如何如何，而是把这些概念讲透讲足，最后和你的产品一挂钩，这样选择它就是顺理成章的事情了。

象征价值虽然有玩概念的嫌疑，但也不完全一样，因为你的产品确实要有符合这些概念的特征，而不是强行关联，毕竟没有多少人真的傻，你说得天花乱坠，可是东西一拿出来和你说的完全不一样，人家也不会买账，反而会降低品牌的核心价值。当然，也有一种情况是品牌有内涵，但是关联错了、偏了，或者用力过猛，这样也会给品牌造成伤害。所以，在社群里输出概念之前，自己先关上门理清一下思路，排除了硬伤再下场种草。

第三，情感价值。

如果说象征价值代表理性层面，那么情感价值代表的就是感性层面。顾名思义，情感价值是能够表达品牌情感内涵的存在，比如亲情、爱情、温情等等。当品牌被赋予了情感价值之后，才有了热度，才显得有人情味儿，消费者才能从你这里获得美妙的情感体验。比如，海尔的"真诚到永远"，表达的是对用户的赤诚之心。虽然有商业宣传的味道，可毕竟说得动听，还是给人一种亲切感。那么，在进行社群营销的时候，为了突出品牌的情感价值，最好能有相关的感人视频或者图文和新闻，视觉化程度越高越好，商业气味越淡越好。和象征价值不同，品牌的情感价值不能采用科普的口吻，而是要在不经意之间传递给社群中的成员，就像是刚看完了感人韩剧的闺蜜默默地给你分享链接那样，虽然效果未必能达到预期，但是只要你愿意持续分享，总会产生潜移默化的作用。

当然，情感价值是比较灵活的，可以根据营销需求进行适当的调整。打个比方，代理的产品是生鲜类的，初始设定的情感价值是"和家人分享绿色的味道"，意思是动员大家买给亲人吃，可后来你发现社群里的大多数是身在外地的单身男女，也不适合远距离运输，那不妨把情感价值改为"为你补充职场能量"，这样一来，商品还是那个商品，但是感觉变了，你的社群才能与之产生共鸣。

品牌的核心价值虽然由三部分组成，但这并不意味着必须把三个都做好，可以有重点地只做一个。比如科技类的产品，真能上天入地，那就做功能价值好了；如果没什么科技含量，比较大众，那就走情感路线；如果带点文化感，那就多在象征价值上做文章……总之，三个价值总能靠上一个。当然，有两点要特别注意：一个是要尽量和竞品产生差异化，另一个是能够最大限度感染你的社群。

事实上，品牌选择哪一种作为核心价值，并没有绝对的好坏之分，区别只在于哪条路最适合产品，哪条路最适合营销，先把这些事情想通透，再去给品牌赋予一个价值，不要盲目地跟风。

穷人创业攻略：零成本气死高投入

如果你现在创业，估计会有些热心群众劝你省省吧，为什么？因为如今是资本创富时代。有了资本，就有了话语权，不光可以买技术，还可以买流量。道理是这么个道理，可资本也不是一下生就是腰缠万贯的，即使古奇也是从小作坊做起来的。

有资本能创业，没有资本也能创业，因为这是一个看重社群营销的时代，只要你能拉来一票人马，就有把人头变成银子的机会，距离成功不过是一步之遥。相反，高投入未必有高回报，高风险倒是不可避免。当然，零成本不是什么都不搭，既然没有钱，就得拿出精力去经营，尤其是针对自负盈亏的个人社群。

首先，避免被"零成本"误导。

做社群是一个精细活儿，更是体力活，有的社群管理者，建了一个群以后，经营不善，很快垮掉了，就再建一个，然后重复昨天的老路。为什么敢这样折腾？还不是因为建个群零成本，所以就不当回事。要知道，吸引一个高价值的群成员可能不花钱，但总要花费心思和时间，而且仓促地解散一个群，也会对你个人的口碑造成影响，再收割一波新成员怕是就没那么容易了。零成本，意味着在低资金投入的前提下，你要重视成本以外的所有东西，先敲定了这个思路，你才能知道怎么做好零成本创业。

其次，合理规划"精力成本"。

有的群之所以做不下去了，是因为贪多嚼不烂，建一个群觉得不保险，于是就建了第二个、第三个，忠实地遵从了"鸡蛋别放在一个篮子里"的忠告，结果又如何呢？篮子翻了，蛋碎了，社群营销之梦也破灭了。说到这儿，还有人会抱屈：那么多群，那么多人，那么多问题，我太难了！

既然精力有限，那就要合理利用这么宝贵的精力成本，这可是你对标人家资金成本的关键！原则上，手头的社群越少越好，可如果实在不能避免，必须要同时运营好几个，那就要分成以下几个步骤。

一方面，关注核心群。

社群再多总有一个是重中之重，这些群就是社群的基础，也是你零成本创富的王牌。对于这样的社群必须拿出主要的精力，如果你不知道怎么识别核心群，那就用三个特征去套用：有消费意愿的，有话语权的，能帮你运营的。简单说，哪个群里这三种人最多，哪个群就是核心群。确定了核心群，不仅要拿出更多的时间去维护，还要制订相对严格的群规。比如，准入规则上要考虑群成员的意愿和资源，意愿是指他是被拉进来的还是有主观倾向的，这决定了他们日后和社群的粘合度，而资源是指他们能够为你带来哪些有价值的东西，比如渠道、人脉、信息等。准入门槛越高，虽然数量不会太多，但质量却高，维护起来也能节省不少时间，三姑六婆都被你拉进来，这样的群怎么有精力去运营呢？

除了准入规则之外，还有日常规则需要注意，比如对广告的控制，因为是核心群，大多数人还是跟群管理者比较近的，或者是素质较高的，所以约法三章之后总能有些约束力，何况核心群里还有愿意帮你维护秩序的人。

另一方面，精确管理活动群。

顾名思义，活动群是临时拉过来的，是为了迎合打折优惠之类的活动组建起来的社群，这样的群基本上都是陌生人，也是引流的必要中转站。与核心群相比，活动群因为都是新人，好奇心和新鲜感比较强，所以会在初期有很高的活跃度，看起来是要消耗精力去维护的，但其实很多活动都是一次性消费，你并不需要笑脸相对每一个人，因为消费意愿高的都在核心群里，你所要做的只是维护好基本的秩序，帮助群成员解决一些关键性的问题。同时还有一项工作，那就是尽快分流，把新识别出来的高意愿消费人群转移到核心群里，这样既减少了运营活动群的压力，也提高了核心群的价值。

不过，活动群也不能一概而论，如果是学习类型的活动群，课程是固定的，那么吸引到的都是精准定位的用户，就要拿出一定的精力去维护，提高转化率。总之，对活动群的认真筛选，并不需要任何资金，但是需要你拿出时间和心思，才能做到准确甄别和及时响应。

再次，减少不必要的成本。

有的群管理者喜欢搞线下活动，认为线下活动是面对面接触，有利于拉近关系。当然，线下活动没问题，但是在你严控成本的前提下，贸然选择这种方式只能给自己找麻烦，即便你可以让社群成员AA制，可一旦转到线下，总有一些意外开支是不可控的，这些花费让谁买单都会很尴尬，而群管理者真的一毛不拔会给群成员留下坏印象。所以，在时机尚未成熟的阶段，不要轻易走到线下，而是充分借助移动互联网的优势，把线上的活动做得更精彩，比如分享好玩的视频、段子，发动群友之间自我介绍等等，实在不行也可以发几个小额度的红包抢一抢，把额外成本杀死在摇篮里。

最后，降低裂变成本。

社群的裂变，就是从大量的目标用户中提炼出极高价值的精准用户，从而达到一种质的飞跃的效果。那么，这个筛选的过程需要时间和金钱，因为有些用户的意愿是模糊的，你不"出点血"往往很难打动他们，可"出血"又增加成本，那么最好的办法就是组建临时群。比如你可以在活动群中发消息：接下来分享的信息需要付费，我们图个吉利只收8.8元，愿意请赶快加入，用微小的价格门槛就能试出来用户的意愿高低，当然有些情况也可以不用提付费，而是让大家随便填个什么表格，愿意认真填写的自然就是日后"革命"的火种。总之，这一类的办法比搞什么优惠大酬宾要省钱多了。

零成本创业，省的是钱，耗费的是精力，而钱有机会赚回来，失去的时间是一去不复返的，从这个角度看，零成本创业更不能允许反复出错，更要小心经营好每一个环节。

攻心为上：品牌无缝对接的启示

兵法有云：攻心为上，攻城为下。这句话千年不衰，做买卖的学会了，开始讲故事了；谈恋爱的学会了，开始玩套路了；就连学心理的也插了一嘴：一切营销都是心理学！

一个品牌想要在用户的心里扎根，也要走攻心为上的路子，但是怎么做呢？肯定要拿出点硬核的营销手段，这就是对接营销。所谓对接营销，就是点对点，面对面，找到用户的需求点，无缝地贴过去，不留一丝痕迹，不留一点漏洞，不给竞争对手抢夺用户资源的机会。这就是"为天下道，对接者生"。这个世界太大也太丰富，不能精准对接到用户的，往往会沦为四不像。正如太极的基本原理：太极生两仪，两仪生四象。天地能够产生万物，也是对接的结果。

社群零售，从人做起，而且还是一群人，要把这么多有着不同观念和思想的人组织到一起，全凭对接技术的高低，这决定了社群的生死，决定了品牌的存亡。听起来有点高深莫测的感觉，其实对接并不难学，关键在于是否摸透了用户的需求内核，以及摸透了需求之后如何去充分地满足需求。

优秀的品牌能把精神转变为物质，还能把精神转变为资产，这就是对接营销的核心原理。打个比方，一个单身少女，她需要的是爱情，你却给了她友谊，那能不能部分满足她的需求呢？当然能，不过这不是无缝的，如果哪天少女遇到了真命天子，十有八九会离你而去，这就是你给予她的精神满足还不够，没有真正变为可以估值的资产。

判断用户是否被充分对接的标准，是能否产生共鸣。

共鸣是情绪的表现，虽然有时候和理性认识关系不大，可消费本来就是冲动的，都攥着手里的钱货比三家，没准到最后咬咬牙什么都不买了。

蒙牛把自己和天然的绿色大草原对接，给消费者浓浓的原始、质朴和纯度的感受，买了蒙牛就像是回归大草原，这就是满足了消费者对绿色健康饮品的需求。六个核桃把自己和智慧对接，让大家产生喝了以后智商狂飙到180的错觉，这不是满足了消费者对提升智慧的渴望吗？这里面都包含了强烈的精神性。

做品牌如此，做社群也是如此。一个人进了你的群，每天都能找到点乐子，或者受到一点启发，就会产生精神上的满足感和共鸣感，于是就产生了黏着性，那么接下来再进行营销就省了不少力气。

从现在的市场情况来看，有些品牌的对接是失败的，也直接影响到了社群的营销，为了避免这种情况发生，我们就分析一下对接营销都包含哪些环节。

第一，和市场无缝对接。

在对接市场之前，要了解市场的现状是什么，这要从准备销售的产品入手。卖的是坚果零食，就看看对手有哪些、生存空间大不大、用户还有什么潜在需求没有被满足，在了解了这些情况之后才能精准投放，把适合你产品的用户都拉到社群里，就能在已知的大环境下开拓属于自己的生存空间。打个比方，你发现不少竞争对手为了方便上班族随身携带，设计了独立包装的坚果并带动了市场的风向，那你就要考虑自己面对的用户群体是否也有这样的需求，如果不是就不要盲目推出独立包装，因为有的人喜欢购买坚果送人，包装越大越精致才好，这就是根据市场的情况对接用户的需求。自然，在社群里营销时，也要根据你的设计卖点去推荐给大家。

第二，让品牌和情感无缝对接。

这几年大家谈论情感话题的时候，总愿意使用一个词叫"感同身受"，其实对接营销玩的就是这个，因为感同身受等于体验式营销。打个比方，你向群友们推荐一款洗衣粉去污能力多么强，获得了多少国际认证，这些能产生共鸣吗？不能。可如果你说这款洗衣粉能保护家人的双手，那味道就大不一样了，因为你对接了用户对家人的关爱这种感情，对接了家庭主妇主男们在操持家务时的辛苦，这些都是精神层面的，也是大家深有体会的，既然都产生了体验感，那么人们也就自然地融入到其中了。

不能解决人们情感需求的营销都是"冷营销"，缺少温度感，不能刺激用户的精神，直白地说用户感受不到你的诚意和专注，只能把钱包捂得死死的。从这个角度看，情感是品牌的血液，也是社群的凝聚力。一个冷冰冰的、群友怎么看怎么像机器人的社群，谁还愿意关注大家都说了什么呢？

第三，让情感和用户无缝对接。

在将品牌和情感对接之后，接下来就是和用户的对接了，看起来没什么区别，但其实这是最重要的一步，因为你赋予了品牌以情感，用户能感知到，但还是存在距离，这时你就要通过社群再次传达。比如，女性用品的品牌有了关爱女性的情感，但是这还不够，还要通过母亲节、女神节这些女性特有的节日进行优惠活动，并且明确男性成员无法享受，这样一来就有了诚意，把情感无损地传递给用户，让她们知道你不是在玩噱头。再比如，你可以调查每个社群成员的生日，针对大家的生日推出优惠活动，不过生日的人无法参与，这样品牌的温度感会传递给每一个人，哪怕某个成员的生日还差364天，作为吃瓜群众的他也能对品牌和社群产生好感。

当我们完成这三个环节的无缝对接之后，消费者的需求欲望就被勾起来了，社群的凝聚力和活跃度也被提高了，这也就意味着你的营销走向了实质性的成功。

归根结底，从品牌到用户，最终的作用点还是在情感上，因为情感的作用就像春雨，能够润物细无声，看不见摸不着，但其产生的力量是不可小视的。换个角度，巧妙的对接技术能够检验出一个品牌在人性学上的成就，也能检测出一个社群管理者的情商高低。所以，为了社群零售的高效运转，抽空多研究一下群友们，少去分析冗余的数据，就会发现越来越多的"人性弱点"，它就是你撬开市场、打开用户心扉的钥匙。

社群结构：品牌决定学院派OR哥特风

如果你经常逛豆瓣，在看各位大咖的影评时，总能看到对烂片的一类吐槽：结构稀烂。这真不是"强行黑"，一个戏剧结构不完整的电影，绝对不可能成为好片子，因为结构是基础，结构就是一切，就像盖楼一样。

那么，怎样的社群结构才是合理的呢？这个问题不难回答，因为你只需要把社群当成是一个小社会，就会知道如何在里面进行分工。就像是一个建筑工地，有做基建的，有做电力的，有做木工的，还有做后勤的……基本上缺一不可，每个人的存在都决定了社群能否运营下去。

玩社群零售，其实也是在玩社会法则。既然是没有规矩不成方圆，这个方圆要怎么画才合理呢？

社群运营像电影一样，也需要有一个具体的规则，对社群来讲这也是很核心的，一般来说，社群的结构可以分成七个组成部分。

第一，群主。

群主就是社群的管理者，要对社群的目标和结果负全责的人，所以这个角色是非常重要的。一个群是否具有凝聚力，是什么风格的，比如是学习型还是倾诉型，是生意型还是实干型，这些基本都由群主自身的背景来决定。

第二，群管理者。

从广义上讲，群主和群管理者是一个意思，不过从狭义上讲，群管理者则是辅助群主工作的人，也可以看成是办公室秘书，当然在规模太小的群里是不需要的，这主要是针对一些大型的企业社群和做得好的个人社群而言。群管理者主要协助群主做一些事情，充当传声筒和调停者的角色。

第三，意见领袖。

一个社群想要存在得越长，越有吸引力，必须要源源不断地输出价值，这就需要有一些大咖加入，他们可能会比群主的社会地位要高，只是不直接参与到社群的运营工作中，他们能够在社群发生争论的时候给出关键性的意见。当然，大多数社群成员也是要尊重他们的，如果找一个完全压不住场子的人当意见领袖，可能会适得其反。

第四，积极分子。

几乎每个群里都有比较活跃的成员，他们未必有什么过人之处，只是喜欢和大家互动，经常刷存在感，看起来价值不大，但正是有了这一类人的存在，才不会让社群陷入到沉默的状态中，甚至可以说，在社群成立的初期，意见领袖可以不急着找，积极分子必须率先入群，因为有他们才有气氛。

第五，小编。

这个职位设定其实非常重要，因为他们要编辑文字或者图片，特别是在社群有了相关的新媒体之后，他们就负责内容输出。在社群创立初期，可以由群主或者群管理者充当，而不要选择意见领袖，因为大咖即便有这种能力，也不会长期地帮你输出和编辑内容，所以必须找一个专门的人去做，这对于社群的长期发展十分重要。

第六，备选群主。

听起来好像是有抢班夺权的意思，其实这是为了让社群裂变选定的队友。比如当一个社群规模扩大后，由于人数太多导致交流混乱，这时就要分化出另一个新群，而备选群主就要充当新社群的群主，有了他们才能扩大社群的影响力，至于他们是否要和原来的群主平起平坐，这就要视具体情况而定。

第七，群成员。

群成员就是社群零售的变现种子了，他们可以是经过层层筛选的，也可以是通过临时活动拉来的，价值上必然有高低之分，可以在短时间内聚集在一起，也可以通过后期的筛选分化为不同的社群，便于管理，这就需要群主和群管理者进行甄别了。

从结构上看，社群大体上分成这么几个部分，但是在实际操作中，还需要注意几个问题。

首先，在群主的选择上，有的人会存在误区，认为一个有讲师水平的人就能管理一个社群，其实管理社群并不容易，它主要涉及的是人际关系的问题，并不需要太强的专业性，因为你可以让意见领袖代劳，而群主的精力应该更多地用在协调关系上，一旦把群主定位为技术人员或者导师，社群规模小的时候问题大，可一旦进入发展阶段就会暴露出很多问题。

其次，在准入原则的制订上，不要为了盲目扩大而把什么人都加进来，至少有一个最低标准，比如基本的文明素质，因为有的人在网络上喜欢放飞自我，加上谁也不认识谁，会发一些有害的文字或者图片，而社群中高价值的成员看到这些，很可能会认为这个群就是素质低下的，弄不好直接退群，这种负面影响是恶劣的。因此，不要贪求数量而忽视了质量，一旦发现有害群之马必须赶快清除。事实上，当一个社群有着严格的规则后，会让高价值的群成员更有黏着性。

再次，在资源分配上，要按照一定的配备比例，比如有的群人数不多，但是活跃度很高，喜欢针对品牌提出问题，那么如果只设定一个意见领袖显然是不够的，毕竟人家不能24小时值班，如果冷落了群成员可能会造成负面影响。如果一个大咖没有能与之对话的同等角色，时间长了也会寂寞，搞不好就悄悄地退群了，所以要根据群的规模和活跃度多引进几个大咖，如果实在是人才短缺，那就由群管理者临时客串。总之，不要抱着"一个萝卜一个坑"的想法，觉得自己的社群有了意见领袖就算结构完整了，你还要考虑到结构的活性。

经营社群就是通过和人打交道来发现商机，这些都需要依靠人力去完成，特别是想要低成本运营的社群，只能用时间和精力成本替代一些开支，那么如何把群成员整合起来就显得尤为重要。一个有着健康结构的社群并不一定需要多么活跃，而是要有人气和归属感，这样才能为社群零售打下最牢固的"地基"。

魅力人格体：用户的爱是盲目的

爱情是盲目的，消费也是盲目的。

喜欢一个品牌，有时并不是真的有多么好用，就是觉得对自己的口味，使用它就像是谈了一场甜蜜的恋爱一样。其实，用户之所以会产生这种感觉，是因为品牌拥有了人格，代表的不再是冰冷的产品，而是有血有肉的生命，这就是如今很多商家倡导的"魅力人格体"。

魅力人格体并不是只能作用于品牌，还可以通过关联性作用到社群上，就像很多公众号也在打造"人格化"一样。在社群化的时代，商业模式的核心永远是人，那么只要是人，就不会喜欢一条广告、一个商标，而是想要和活生生的人发生联系。如果你不信，就看看手机行业中的口号是怎么变的：诺基亚——硬件为王，iPhone——内容为王，小米——社群为王……品牌也好，社群也罢，都要把魅力人格当成是经营的核心。有了人格，又讨人喜欢，你才能最大限度地激发群成员的活跃度。

人格化的社群具有三大优势，这些就是你变现的利器。

第一，高品质。

我们身边那些有魅力的人，肯定是在某一个方面有突出的优点，比如果敢、坚韧、聪慧等，当然也可能存在短板，不过优点必然是最突出的，我们也会顺理成章地认为，这样的人做事成功概率很高，因为他们具备了常人没有的优点。同理，一个社群每天分享有价值的信息，那么它代表的品牌也是高质量的，群成员就愿意进行互动，而越是互动就越能增进彼此的了解，哪怕发生争论，也能发现消费真正的痛点，进而修正产品的短板，完善品牌形象，会形成良性循环。社群有了热度，就有了更多的话题性，谈着谈着，某些人的高见就能通过社群扩散开来，提升社群和品牌的品质。

第二，辨识度。

社群零售时代，你看重社群别人也看重，无论是企业社群还是个人社群，竞争对手都数不胜数，甚至一个群成员可能同时加入了好几个社群，那么人家自然会进行对比，一旦你的社群没有突出优势，可能就会被抛到一边去了。所以，哪个社群的辨识度越高就越有吸引力，这还是要靠魅力人格，和社群的管理者和品牌文化直接挂钩。比如，你代理的是宠物用品，群成员每天都会分享自家宠物的照片和小故事，这是每个同类社群都具备的特征，可如果你能够给每一张图片都配上内心独白且生动有趣，那么大家分享宠物故事的热情就会高涨，这个社群也就有了亮点，带动的就是品牌知名度的提升。

第三，链接性。

有魅力的人，往往具有一定的话语权，因为人们尊崇他们身上的某个优点，所以至少在某个领域会听从他们的见解的，如果把这种特征转移到线上就是链接性。打个比方，你通过用心的经营让社群变得既有识别度又有品质，那么这时候你分享有关产品的信息就显得真实可信，分享品牌故事也具有打动人心的作用了，甚至直接把消费者带到购物平台上，也是对消费行为的指导，这就让社群零售距离变现更近一步。

社群的人格化，并不非得聚焦在管理者或者品牌上，也可以聚焦在品牌相关的创始人上。曾经有一个从事高端餐饮的女企业家，因为客观原因不得不转型，但是一直没有找到适合自己的行业，最后经过高人指点，她发现自己身上最有魅力的人格是"刚猛"，她就利用这个性格特征做起了创业服务，因为说话掷地有声，不容置疑，让很多人都愿意聆听她传经送宝，事业很快又做大了。

打造魅力人格并不难，只要你能客观地了解自己，了解品牌，了解社群都需要什么，就能很容易找到一个定位，有了定位就等于打通了社群运营的任督二脉，让接下来的工作开展得更加顺利。

那么，我们可以打造出什么人格类型的社群呢？

第一，学霸人格社群。

这类社群重在知识和信息的输出，每天可以在社群中分享有主见、独特的信息和一些实用性的知识，激发群成员的求知欲，通过问答交流的形式加强互动，在知识中把有关品牌和产品的东西融入进去。不要一听"学霸"就觉得自己做不到，哪怕你就是卖绿色农产品的，分享一些鸭蛋吃法的知识也一样受欢迎，关键还是要针对消费者。

第二，明星人格社群。

这类社群重在时尚和潮流的氛围，需要有前沿的时尚娱乐新闻不断注入，而且还要有一些现场见闻的分享，比如代理的是某个护肤品牌，有明星代言，那就可以锁定代言明星，分享和她们近距离接触的照片或者视频，把社群打造成粉丝的聚集地，带动大家讨论一些无害的八卦消息，以此来强化互动，自然就能拉动产品的销售。

第三，闺蜜人格社群。

这里所说的闺蜜可以是男的也可以女的，这一类社群重在情感交流，也可以当成情绪发泄的场所，社群的话题多是以身边的真人真事为主，社群的管理者可以当成知心姐姐或者知心哥哥，通过谈论一些情感类的影视剧、文学作品等和大家互动，一旦带动了大家的情绪，那么在孤单的情人节或者重要的表白日号召大家"买买买"就顺水推舟了。

第四，宅男人格社群。

这里说的宅男也包含了宅女，这类社群重在游戏动漫话题的交流，可以突出二次元的主题，分享游戏心得、漫展信息等等，社群的管理者就像是一个老玩家，具备一定的知识，通过讨论"怎么玩"来拉近和群成员之间的距离，打造发烧友之间的亲近感，然后从游戏和动漫中关联产品，号召大家剁手、入坑，就显得自然而然了。

上述只是列举的几个魅力人格，事实上选项是非常丰富的，因为每个人都有独特的一面，重要的是你是否发掘到了独特之处并能充分和品牌、产品相结合，只要准确找到一个契合点，就能通过人格来发力，让社群零售进入一条快车道。

Part 3

看社群零售的"降龙十八掌"

一招鲜吃遍天:"买一赠一"永不过时

一网打尽:客户的朋友还是你的客户

"电商+社群":"双十一"是怎么变成消费狂欢的

会员制让消费者"倍儿有面"地花钱

妈妈社群:赚女人的钱就是赚一家子的钱

客户策略:一手交钱,一手交情

精神股东:让消费者为你出头

一招鲜吃遍天:"买一赠一"永不过时

在家靠父母,出门靠朋友。那么经营社群靠的是什么呢?人际关系。既然谈到人际,那就不能"免俗",离不开人情世故。所谓"俗",指的就是小恩小惠。出差回来,带给亲朋好友小礼物,这就是维护人际关系的润滑剂。同样,你搞社群零售,"买一赠一"这种套路永不过时。然而有人觉得,为了竞争优势已经砍掉了不少利润空间了,哪儿还有能力赠送呢?

说到这里,咱们就掰扯一下,"买一赠一"是真的赔了吗?

第一,赠品是为了解决问题诞生的,不是为了制造问题。

消费者的购买行为从来不是由一个部分组成的。你买3.5元的香皂盒,运费10元,这时你会有两个纠结点:一是两个香皂盒还没运费贵,有些不值当;二是3.5元好像不如别家十几块钱包邮两个的便宜。所以,你盘算半天就可能不买了。但是如果是买一赠一的话,

3.5元能买两个香皂盒，7元就能买四个香皂盒，这也比十几块钱包邮两个要便宜，消费者就可能舍得花10元的运费了。说白了，你让消费者纠结的地方变少了，决策也就更容易了。当然，"买一赠一"的初始价格，要根据你的最低成本来计算，不能胡来。总之，赠品既能帮助消费者减轻选择困难症，也能帮助商家尽快套牢目标用户。

第二，赠品是为了提升消费者的获得感诞生的，而不是让商品产生廉价感。

有的人会觉得，赠品太多，这不就变相说明我卖的东西不值钱吗？这的确会有影响，但你要同步对比消费者的获得感。什么是获得感？同样花10元钱，买一件东西和买一赠一，感觉上是不同的，这就是从数量上体现出的获得感。如果买的越多赠的也越多，这种获得感就变得更加清晰，所以我们一定要在"量"上做文章。香皂盒是等量复制的买一赠一，我们为了减少成本，可以搞不等量的买一赠一，比如买一块香皂赠一个香皂盒，这个多出来的香皂盒就能给予用户获得感，有了精神上的满足，用户才愿意和你持续地保持交易关系。

第三，赠品是为了降低消费者的恐惧感，而不是增加商家的恐惧感。

白送给别人东西，有些商家还真是绕不过这个弯，总觉得自己要吃亏了，总要算计着如果不送东西消费者是不是也会买？其实，消费者比你更恐惧。从心理学上讲，人们对免费的诱惑力是难以抵挡的。打个比方，你在超市里看到方便面搞"买一赠一"的活动，但是你最近就想吃辣条，所以推着小车昂首挺胸地走开了，然而走出不远就会琢磨：我现在不吃，可是过两天想吃了再买，是不是又没有赠品了？这种恐惧感会让你觉得自己不买方便面的决定存在巨大风险，所以控制不住地要关注买一赠一的优惠活动。说到底，消费者比商家更容易产生焦虑，我们就要利用这种情绪刺激他们的购买需求。

第四，赠品是为了维护和用户之间的关系，而不是商家的"自我救赎"。

社群零售，毕竟和普通的网络营销不同，你有一个圈子，为了维护和圈子里的用户、潜在用户之间的关系，买一赠一始终是不错的选择。但是，这并不意味着这就是赔钱的买卖，而是通过开展赠送的活动，让社群成员觉得你确实在"讨好"他们，这就释放出打算长期合作的信号，无形中强化了彼此的关系。消费者会觉得这样的优惠活动不过是个开始，以后还可能有更吸引人的，所以会产生较高的预期。当然，为了不让这个预期落空，社群里要不定期地开展优惠活动，让消费者产生更高的预期，带动着交易关系的持续发展。

上面就是我们对买一赠一存在的误区进行的分析，那么，买一赠一对社群零售有哪些现实意义呢？

第一，为涨价做铺垫。

消费者最恨商品涨价了，哪怕是遇到天灾人祸等不可抗拒的因素，特别是在社群里，大家都是熟人了，降价都是应该的，为何还要涨价？但是，如果你之前推广的是买一赠一的活动，那就好办了，你可以随时结束活动，恢复到常态价格，这样消费者会觉得之前自己是占了便宜的，现在不过是正常价格，但是对商家来说，这就是变相地涨价了，消费者还无话可说。

第二，消化滞销的产品。

不管多精明的商家，总有一些不招人待见的商品，这些东西卖不掉还占库存，那么解决它们的最好办法就是充当赠品。只要身份变成了赠品，消费者就没那么挑剔了，毕竟是白来的，这样既能促进成交率，还能缓解滞销带来的各种压力，何乐而不为呢？

第三，打造爆款。

无论你经营的是企业社群还是个人社群，总要有一两款明星产品，它就是你对外宣传的成功案例，那么买一赠一必然会拉动某一款产品的销量，销量上去了，你怎么天花乱坠地吹嘘它都合情合理，毕竟数据摆在那儿。

一招鲜吃遍天，销售前辈们总结的经验，其实放在任何一个时代都有用武之地，只不过要用的巧妙就需要合理加工，不能拿来就用。买一赠一，说到底就是吃透了人性中贪婪、恐惧和幻想等弱点，这些弱点让消费者变得很盲目，而这就是打开销售突破口的关键。当然，社群零售不是街边摆摊，买一赠一是营销手段，不是欺诈手段，那种指望着干一票就跑路的做法是不提倡的。

一网打尽：客户的朋友还是你的客户

搞社群零售，最容易过敏的不是花粉，而是数字：销售额是数字，流量池是数字，群成员数量还是数字……数字，似乎真的成为了一个社群运营成败的标志了。特别是看着自己的社群只有寥寥不多的几十个人的时候，总觉得距离变现遥遥无期。

千万别用数学中的数字去分析营销，而是要用经济学中的数字分析营销。一个只有30个人的社群，就真的只有30个人吗？如果你懂得规划，完全可以把30个人变成7500个人。

这就是著名的"250定律"。

这个定律是号称世界上最伟大的推销员乔·吉拉德提出的，此人曾经创造了一项惊人的销售记录：连续12年平均每天销售6辆车，由此登上了世界吉尼斯记录大全世界销售第一，据说至今无人能打破他的纪录。那么，"250定律"怎么解释呢？它是说每一位顾客身后大约都有250个亲朋好友，这些就是潜在的新客户资源。所以，如果你社群里的30个人都对你产生信任，你就变相拥有了他们背后的250个人。

"250定律"就是销售界的宝典，对社群零售来说更是如此，我们不是天天喊着要裂变吗？客户资源裂变就是其中的一种。只要你认真对待每一个有价值的群成员，别看存量多少，变量只在一瞬间。

有的人玩社群零售容易走进一个误区：发现群成员太少，于是就把精力放在继续拉人上，群里有人提问不理，有人咨询不管，忙着去引流，结果没拉过来多少人，存量还给弄没了。要知道，销售界有一个计算公式：开发一个新客户的成本相当于维护27个老客户，虽然27未必是确切数字，但它足以证明开发新客户的难度要远远超过维系老客户。同理，你拉一个新成员进群也许是分分钟的事儿，但是他们只是被你拉到群里，还没有形成黏性，比不上老成员，如果把主要精力用在他们身上，其结果很可能是鸡飞蛋打。

你可能觉得250个人听起来不少，可这里边能有多少有价值客户呢？别急，再告诉你一个"双6法则"，它是亚马逊的创始人贝佐斯提出的，意思是如果你让一个顾客不高兴，那么他会在现实世界里告诉6个朋友，而在网络世界里会告诉6000个朋友。懂了吗？通过网络，250定律其实弱爆了，它完全可以有更夸张的裂变速度。

经营社群，很多时候容错率很低，一句话说不好人家就可能退群了，再没有挽回的余地。相对地，一次交易是愉快的，人家发个朋友圈开个群聊，也能帮你告知天下。这么看来，机会和风险是同等的，就看你如何把握。

玩好社群营销的捷径，就是利用现有的社群资源发生人脉裂变，改横向思路为纵深战略，逮住几个人脉广的群成员就深耕到底，很可能就有意外收获。那么，这个经营的过程就需要一些人际交往的策略。

第一，善待早期群成员。

你群里最早的那一批成员，也许不是给你带来第一个订单的金主，但是他们是有机会感受到你真心以及你销售能力的人，这是因为早期成员数量相对要少，你花费在每个人身上的精力肯定比后期成员扩大之后要多，这是绝不能浪费的社交投入成本。所以，在这种相对密切的线上关系中，要尽可能地和早期成员建立相互信任的关系，他们会比后来的人更愿意将背后250个客户资源介绍给你，甚至是网络上的6000个人。

第二，不要让群成员受委屈。

这是对社群管理者最低也是最高的要求，不管遇到什么冲突，管理者都要尽量保持克制，要以礼相待，不要将矛盾扩大，而是要学会合理化解，毕竟"双6法则"是非常可怕的，好事不出门坏事传千里，不要为了争一时之利或者口舌之快给自己树敌招黑。当然，如果真的遇上蛮不讲理的也不能怂，只是尽量把冲突规模压到最小。

第三，真诚对待每一个人。

这年头没几个纯傻子，多的是看着傻心里比谁都精的"腹黑"男女，虽然在社群里玩的是线上社交，可人们还是能够从文字、语音甚至一个表情包中判断你对他们的态度。虽然群成员有高价值和低价值之分，但是你不能让人家感觉出来有区别对待，一定要在大面上过得去，这是为了给社群创造一个良好和谐的沟通氛围。

第四，掌握灵活的话术。

卡耐基说过，如果想要交朋友，想要成为受人欢迎的说话高手，就要用热情迎接每个人。经营社群也是如此，虽然你脑子里想的是怎么把东西卖出去，可和大家聊天的时候不能三句话不离卖货，总要有顺着别人的话题去聊的时候，聊他们感兴趣的东西，再关联到你手里的货，这样才是顺势而为，既让对方有被尊重的感觉，又拉近了关系。所以，那种自认为心直口快的社群管理者，建议还是适当提高一下情商和话术技巧。

第五，做好转介绍工作。

转介绍就是把客户的朋友变成新客户的实操阶段。一方面，我们应该做好每一个群成员的基本调查，了解他们的年龄、家庭、职业以及爱好等等，掌握了充分的信息才能有针对性地展开话术和营销策略，比如发现群里宝妈宝爸比较多，就可以搞点婴幼儿产品的优惠活动，这样既能让群成员对你产生信任，还有助于他们把利好消息告诉给亲友。

推销之神原一平说过：成交是销售的开始。对于社群零售来说，建群就是销售的开始。有的社群在变现之前，对还没有掏钱的群成员态度冷漠，这就直接扼杀了人家消费的欲望，更别提给你转介绍新资源了。所以，把客户的朋友当成未来的客户，这不仅是一种营销策略，更是一种经营格局，当你发现人越来越多时，你的商机也会越来越多。

"电商＋社群"：
"双十一"是怎么变成消费狂欢的

传统电商打败实体店的年代，那真是要风得风，要雨得雨，可风水轮流转，现在消费者的口味更挑剔了，各大平台逛腻了，社群零售开始崭露头角。不过电商死了吗？没有，只是日子没有以前那么滋润，同样，社群零售也还是邻家有女初长成，想要再向上拔高一截，与其靠时间，不如靠混搭和跨界——社群+电商。

社群电商，和我们以前了解到的传统电商并不相同，它代表着一种全新的商业思路。简单说，就是放弃了传统的客户管理模式，把每一个客户进行社群化改造，然后利用电商的模式进行整合。社群相当于入口，电商相当于入口后面的市场，从表面上看多了一个组成部分，但是因为有了入口的存在才能让电商的销售能力发挥最大的作用。

传统电商时代，揽客的模式是简单粗暴的，要么被动地吸引客户上门，要么广泛撒网地把客户"骗"过来。在大数据时代，广泛撒网变成了精准定位，能够吸引高价值的客户，但是这种模式的效率仍然不是最高的，因为还是以单个客户为主，并不能以社群为单位进行捕获。

做社群零售，就是要发挥羊群效应。

"羊群效应"指的是经济个体跟风的普遍现象。为什么是"羊群"呢？因为羊群在自然界是缺乏管理的，一旦有一只羊乱动起来，其他羊也会跟着一拥而上，根本不顾旁边可能存在的危险。如果把社群看成是羊群，那么很多客户会因为缺乏独立自主的消费观念而盲目地和其他人攀比，这就是从众心理。在消费主义观念盛行的当下，从众心理是非常普遍的现象。

日本有一位著名的企业家叫多川博，他是经营婴儿专用尿布的成功商人，每年的销售额高达70亿日元，被称为"尿布大王"。但是多川博刚开始做这一行的时候，业绩并不理想，虽然经过他统计日本每年会出生250万婴儿，也采用了最新科技制作出了品质优秀的尿布，却没想到无人问津。后来，多川博让员工假扮成客户，排队到他的门店里购买尿布，很快就有人好奇地问在买什么，于是就营造出了尿布热销的繁荣场面，而那些真正需要尿布的客户也因为从众心理主动上门购买，多川博终于打开了销路。

从另一个角度看，从众心理源自于群体压力。群体压力是指"别人有了我也要有"，通常，女性客户的从众心理会更强，性格内向的人从众心理更强，文化程度低的人从众心理更强，年龄小的人从众心理更强。所以，销售应当针对这些特点有选择地利用从众心理完成销售目标。

我们再来看看每年的双十一，为什么能创造惊人的交易记录，是因为大家买的每一件东西都是急着要用的吗？不都是，更多的是看到别人在消费，商家在打折，如果自己不出手就是吃亏了。当然，这需要借助电商强大的销售布局来完成，而社群就能起到导流的作用。

有人觉得，把客户导流到电商那里，钱不是让别人赚了吗？其实，电商和社群并不是完全对立的关系。如果你是个人社群，货源和渠道总是有限的，借助电商平台能够弥补这个缺陷。如果你是企业社群，也可以背靠电商这棵大树，优化资源配置，正大光明地蹭流量和热度，取得合作上的双赢。

现在已经有不少电商巨头通过微信群建立了所谓的"内购群"，这些内购群就是特定的零售社群，带有分销属性，而且还有相应的激励机制。别看这些电商巨头财大气粗，可是零售社群船小好调头，特别是当社群的管理者有着较强的人际经营能力时，比巨头们斥巨资打造的广告更有说服力，所以电商借助社群是对流量"裂变"的一种条件反射。

当你的社群变身为内购群之后，每天就可以分享到专门的优惠券商品信息，你把这些链接转发到群里，就能直接刺激群成员的消费欲望，拉动整个社群的消费增长。因为，大家都认为有着特殊待遇是一件很光彩的事情，特别是"内部价""特供商品"这些概念，十分具有诱惑力。而且，社群的管理者分享的专属优惠越多，越会让大家觉得自己跟对了人，以后会持续地享受到最优惠的价格。那么对社群的管理者来说，可以通过返佣比例获得提成，这样就减少了自己拿货、囤货的风险。

京东曾经开启过一个"超新星计划"，就是针对不同的社群开发了不同的微信小程序，和京东挂钩的都是自然人或者微商，这些个人社群就相当于特别分销员，把手里的人脉变成了盈利的王牌。最有利的是，电商十分看重社群的成员数量，会通过小幅度的折扣引流鼓励社群不断拉人，那么作为社群的管理者，只要充分利用人们的从众心理，再借助像"双十一""6·18"这种消费大节，乘势扩大社群人数并非难事。

现在不光是电商看准了社群，电商背后的各大品牌也希望通过社群收割线上的参与流量。作为社群的管理者，一旦形成规模，品牌客户经理主动找你就不再是幻想了，即便是你主动上门也有议价的资本。不要小看品牌和电商的协作能力，他们会根据你社群里客户的具体情况推送适合的产品并制定相应的优惠价格，这就解决了一些社群管理者在产品营销上的短板，而把主要精力用在人际经营上，加速社群裂变。

如果你是企业社群，那么和电商合作是首选，如果你是个人社群，和品牌直接合作更有优势，当然，任何合作都是有利有弊的，你要小心合作方把你的客户资源挖走，或者探明了你的某些管理秘籍，所以你必须在借力的同时守住自己的阵地。

把电商和社群结合起来，就是打破各组织和机构之间的壁垒和边界，带来全面的用户协同，而且这也是借助电商平台的大数据提高成交率的有效途径。数据共享，用户共享，才能把市场做大，这几乎是时代发展的必然，作为社群零售来说，更不能落在后面。

会员制让消费者"倍儿有面"地花钱

"XX怎么收费了？""哪里能免费看这个视频？"

相信这是很多网民说过或者听过的话，的确，从互联网进入中国的那一天起，内容免费似乎就是约定俗成的规矩，收费的东西很少有人用。然而随着知识版权意识的提高和相关法律的完善，现在付费阅读、付费看片、付费下载音乐已经成为一种趋势，人们不再把付费当成是一种额外开销，反而会当成一种消费升级的象征。

那么，社群零售能走付费的模式吗？估计有的人一听会直摇头，这本来就是个零成本的线上社交游戏，买东西已经花钱了，难道进群也要收费？如果这样想，我们首先要搞清楚一个事实：那种快速裂变的社群现在还存在吗？存在，但它的弊端已经出现了。

最大的弊端就是，现在人人都知道社群营销，因为门槛低，不少人都参与进来，结果大大小小的社群出现在几乎每个人的社交软件里，严重分散了用户的注意力，在这种情况下大家不得不进行筛选，对没什么价值的社群直接屏蔽或者删群退出。所以，要想做能吸引用户注意力的社群，就要做小而精的社群。

一听到小而精，估计有人又会摇头：我要变现，我要流量，小而精这不是背道而驰吗？别忘了，人多的社群看着热闹，可如果凝聚力不够，有价值的用户占比太少，你上一秒刚发一条精心准备的产品介绍信息，下一秒就被一堆网络段子或者表情包给刷没了，试问这样的大而全社群是在帮你还是在坑你呢？你想要优质用户，首先要提供优质内容，但优质内容又被不那么优质的用户给干掉了，这么一搞就变成了尴尬的死循环，那么问题出在哪儿呢？还是准入门槛上，是你对用户筛选不足，图量而轻质造成的。

在注意力稀缺的时代，小而精的社群是一种大有前途的模式，这不仅是对社群的管理者有利，对用户同样有利。如今信息泛滥，用户花费精力去判断一个社群的价值本身也是一种精力投资，特别是对于时间非常宝贵的成功人士，他们宁愿花一点钱加快筛选的速度，也不想在某个群里泡个十天半个月再给个差评。所以，付费制度、会员制度，这些就成为了小而精社群的核心特征。

其实，不必担心大家对"付费"敏感，正如前面所说，在免费产品越来越少的今天，大部分用户还是能够接受花少量的钱获得更优质的内容，而且付费往往代表着一个社群更加优秀，它应该是集智慧、价值、成长等多个积极因素的成功组合，那么这个对群友付出的社群，理所应当获得回报，毕竟交了钱就是会员了，应该贡献一点力量。

通过付费，让社群成员把自己当成会员，也在变相密切他们和社群的关系，会更多地吸引他们的注意力，毕竟花了钱，总得看看群主发了什么内容、产品都有哪些优惠折扣等。那么，接下来就涉及到一个核心问题：如何引导大家付费呢？

第一，给社群"镀镀金"。

近几年流行的炒IP，虽然现在热度有所下降，不过现象依然存在，为何IP的价值有那么大呢？就在于人家自带了注意力——粉丝。同样，我们可以把自己的社群IP化，成为一个有别于其他社群的特殊存在。不要以为这很难操作，其实最重要的一条就是坚持。每天不断地和大家分享各种有价值的信息，比如商业案例、学习心得、内部资讯等，以上是列举，实操的时候要锁定一个方向，因为已经小而精了，定位越清晰越好。你做红酒，那就分享和红酒文化有关的知识，并提出一些原创性的东西，切记不要只分享不交流，这样会弱化群成员的参与感，把分享和交流结合起来，再来一波融合，你的社群就变成了活跃度和专业性都有的红酒社群了，这就是被你镀上了一层金。

第二，提供链接点。

付费社群，让你更快更精准地找到特定人群，那么就有了他们需要的特定内容和特定产品，在接下来的各种线上和线下活动中，磨合的速度就加快了，因为大家的认同感更强，毕竟花钱就是对社群的一种肯定。那么，当大多数人都聚焦在一个目标时，开展线下活动就容易很多，这就是线上和线下的链接点。此外，群成员之间、群成员和群管理者之间的沟通会更高效，也更容易变现，因为你想推荐什么东西大家会乐于关注和分析，好歹这些是用钱换来的信息，这就是信息交流和变现的链接点。这样一来，社群内的营销活动会推广得很快，纵深程度也高，社群管理者和成员之间的共赢链接点也找到了，比如群主可以把群成员提供的优质内容发布到公众号或者其他平台上，增加曝光率，反过来又会刺激社群的活跃度，说不定还能从群成员中挖掘到更有价值的人脉和信息资源，衍生出更多的链接点。相反，在一个普通的社群里，链接点会非常稀缺，因为大家的注意力不集中，对社群的重视度不够，就很难碰撞出火花，连都没有连在一起，更不要说"链"了。

第三，合理匹配价值。

免费的社群就像路边的小摊，看一看瞧一瞧无所谓，但是付费社群，人家花了钱，就要提供对等的价值。想想看，一个身材苗条的美女，你拿给她世界上最帮的减肥药，她只会不屑一顾的，如果是一个身材肥胖的女孩，你不仅要提供给人家减肥药，还要适合人家体质，因为人家花了钱，你就要帮助人家筛选并提出专业性的建议，而不是拿出五六盒让人家自己看说明书。当然，价值的定义是宽泛的，可以是产品，也可以是经验，还可以是信息，总之一定要和成员的需求匹配，匹配程度越高，付费的意义也就越大。

当然，一个社群收费了，对社群管理者来说，难度也增加了，虽然留下的用户价值较高，但因为人家有了付费行为，你提供的内容和产品要是不令人满意的话,他们必然会更加愤怒。所以,经营好付费社群就要拿出更多的精力,宁可少几个亮点,也别弄出一两个硬伤,因为一旦大家觉得被骗之后,对整个社群的评价会直线下降。

付费社群是新生事物,它的价值也被越来越多的人认可。谁先给它最亲密的拥抱,它就能还给谁最大的奇迹。

妈妈社群:赚女人的钱就是赚一家子的钱

想赚钱,找谁呢?答:"马云背后的女人。"

不得不承认,女性消费者已经是代购、海淘和微商等众多交易领域中的主力,很多家庭中,即便女性不是赚钱主力,却一定是消费主力,掌握着消费主导权。北京青年报和58同城曾经推出的大数据报告显示,女性在购房安家的问题上,话语权超过了男性,大概有65.2%的受访者认为女性在买房中起到决定作用。

大数据显示,三四线城市的女性消费者比一二线城市的女性消费者,在某些消费方面更有话语权,这可能是因为三四线城市的家庭分工保留了传统的"男主外女主内"的模式，所以女性管家是更为常见的，而一二线城市单身人群占了较大比重，所以这种特征就不那么明显了。

如果你是做理财产品的，那么恭喜你，你赶上了一个好时代。现在互联网理财平台的女性占比保守估计超过了60%，其中有车、已育、有房的女性占到了60%到70%上下，26岁到35岁这个年龄段更是投资的绝对主力，在所有投资者中占比高达53%。

无论是做实业还是做金融，女性消费者越来越重要了，这是因为女性消费爆发力持续高涨。当然，做社群同样也不能放弃女性用户。那么，女性用户都有哪些消费特征呢？

第一，往往没有明确的目标。

女性通常制订购买计划的人并不多，即便有也是变数很大，会受到商品信息、销售员口才以及一些意外因素的影响。所以面对女性客户，一定要做足表面工夫，让对方被一些营销元素感染，推翻之前的计划，然后按照你预设好的方向推进。

第二，女性喜欢通过购物展示自身魅力。

女性在购物时常常会表现出倾听别人意见的态度，不过很少真正接受，但是这种交流是必须存在的，否则会让她们觉得枯燥乏味。因此面对女性客户，要从一个社群管理者的角色转换为闺蜜，让对方感觉被一直陪伴着，这样才能和她们更近一步。

第三，在冲突中容易"有感而发"。

消费虽然让人开心，但也会产生矛盾，一般来说，女性本身渴望亲密度和关注度，如果在消费时遇到冲突，容易意气用事，把问题的症结归到其他原因上。所以面对女性客户，社群的管理者要学会耐心地开导她们，要关注对方的情绪变化，不要让对方陷入到波动的情绪中，这样才能平复她们的愤怒和不安。

回到社群零售上，面对女性成员较多的社群，怎样经营更好呢？应该说，最突出的一招就是口碑传播。因为和男性相比，女性对品牌的敏感度显然更高，所以在面对妈妈社群时，不把一个产品的口碑做好，接下来的营销工作将会举步维艰。所以，针对女性的零售社群可以注意三个方面。

第一，打造个人品牌。

不少男性选购产品的态度是"够用就行"，而女性会在意个性化，最怕的就是撞衫、撞口红色号之类的翻车现场，所以你的品牌要有个性，虽然你未必能决定品牌的内容，但至少要把它包装得有个性一些，比如外包装纸、打包盒，甚至里面赠送的宣传单，都可以符合女性审美，即使是线上的社群也可以通过群头像、群主头像以及一切虚拟装饰物强调个性，让女性成员产生购买的意愿。

第二，创造"点赞文化"。

虽然是人都喜欢被肯定，不过女性更在意它的持续性和频繁率，而男性往往更在意的是分量感。所以，当你构建了一个女性成员为主的社群之后，就要不断地营造点赞文化，让成员之间的互动都能得到实时的赞美和肯定。当然，这个赞美要有一定的技术含量。打个比方，群里有一个美女成员，作为社群管理者要怎么夸赞对方呢？对她的自拍留言"美女"吗？显然不行，哪个美女缺人夸她？那该夸什么？夸平时很少有人注意到的，比如内涵，比如穿衣打扮的细节审美（搭配的小饰品、口红色号等），这些同样可以折射出一个人对美的品味，也能间接夸赞一个人的外在形象，还不会落入俗套，这就是针对女性社群的点赞文化之根，以它作为基础进行延伸，就能培育融洽的姐妹氛围。

第三，打造特殊的信任系统。

女性对亲密关系的寻求通常超过男性，更在意内心的信任感，不过信任感的构建应该是渐进式的，而不要想着一句话一件事就能完成，因为女性的不安全感会通过多个小事多个细节去考察，而男性有可能一锤定音。打个比方，如果你的社群经营母婴产品，可以免费设计10节育婴课程，每一个课程都加入带孩子的辛苦、如何让老公理解自己等小插曲，让大家认为你是真的替她们着想，这样信任系统就会逐步走向成熟。有了信任，那么接下来的很多商业行为，其实和话术关联就不大了，因为信任是最顶级的营销。

总的来说，女性客户更容易冲动消费，这也是犹太人认为女人和小孩的生意更好做的根本原因。不过这并不代表着所有女性都是如此，也有理智型的女性消费者，作为社群管理者也要具体问题具体分析，不要轻易地贴标签之后就无差别对待，既要找共性，又不能忽略个性，这样的社群才能"人财兼得"。

客户策略：一手交钱，一手交情

《伊索寓言》中有这样一个故事：太阳和北风打赌，比谁能让人们先把大衣脱掉。太阳用温暖的光照在人们身上，人们热汗直流便脱掉了大衣，然而北风却使劲地吹着人们，让人们将大衣裹得更紧了。

只有对人温柔以待，别人才愿意主动敞开心扉。做人如此，做社群更是如此。

和在大马路摆摊不同，社群赚的钱是群友，也许只是线上朋友，但总归不算陌生人，这种特殊的模式就不能只玩一手交钱一手交货的路子，而是应该走一手交钱一手交情的模式，这样才能既赚了钱又巩固了彼此的关系，毕竟你要持续地通过社群进行变现，跟谁都不是一锤子买卖。

美国"保险怪才"斯通提出了一个斯通定律，意思是对于相同的事情如果用不同的态度去做，那么结果也会不同。这就是西点军校常说的"态度决定一切"。听起来有点鸡汤，可对社群营销来说，如果没有在交易中让对方感受到你的真情，那就是失败的营销，最多做个一两次也就做不下去了。要想通过社群带动业绩，就要把每个社群成员当成朋友，学会"将心比心，以情换情"，以此作为根本态度，才能以真诚的态度去面对大家。因为态度不同了，客户的感受也是不同的，当你耐心地听取客户的意见、感受和忧虑时，你才能站在客户的角度帮助他们解决问题，客户才会把你当成理解他们的人。

第一，多留意群成员的发言。

想了解客户的情绪，就要尽可能地多在群里泡着，多看看大家都说了什么，尤其是留意其中有价值的信息，比如关系到情绪的。有些情绪看起来是在吐槽，但如果你深入挖掘一下，很可能会发现潜在的消费需求："我每天下班都得先扫地，家里根本没人帮我干！"——推荐给对方一个扫地机器人；"单位的椅子太硬了，坐一天后背疼得厉害！"——推荐给对方一个按摩椅……当你越关注大家的发言时，就越容易从只言片语中挖掘到对方的某些信息符号，经过加工和总结，你就能窥测出某个人甚至某一类人的心理状态，这时再去和他们沟通就容易让对方信任，为社群零售做铺垫。

第二，偶尔显出真性情。

想要真实地和客户以情换情，就不能把自己当成严肃认真的群主，也没必要刻意回避钱和商品的问题，而是要还原一个有血有肉的人，适当地真情流露，这样大家才能感知到你的喜怒哀乐。换个角度看，如果你面对一个永远隐藏着情绪的社群管理者，你如何能感受到对方能够对你坦诚相待呢？你还会购买对方推荐的产品吗？

所以，当社群管理者偶尔对大家流露出一些小抱怨、小无奈的情绪之后，反而会让别人了解我们的真实感受，知道我们是怎样的一个人，就容易和彼此建立情感连接。

第三，走情感路线。

为零售而生的社群，最终目的是为了变现，但这并不影响和群友进行情感上的共鸣，走情感路线是产生共鸣的最佳途径。打个比方，你和一个在单亲家庭长大的群友交谈，那么你可以以此为切入点，向对方介绍一个针对单亲家庭的保险计划，即便对方从来没买过保险产品，不懂投入和收益的计算方式，也会从"单亲家庭孩子"的角度理解保险计划隐含的社会意义，也会乐于听你描述产品，因为对方已经在情感上处于"不排斥"的状态了。

"将心比心"听起来容易，可实操起来也有一些禁忌，如果用的不够恰当只能适得其反。

第一，注意个人素质。

有些社群管理者并不害怕和客户打感情牌，甚至非常乐意为之，却变成了"自来熟"，刚一加上就不管不顾地乱说一通，这其实是缺乏教养的表现。沟通是一种技能，说话有分寸是一种教养，尤其是为了推荐产品不顾别人说了什么，一味自顾自痛快，只能让大家觉得这个群主是真的掉进了钱眼里。所以，想要和社群成员保持良好的关系，要学会给别人说话的机会，通过文字、语音和表情包去揣摩对方的心思，寻找恰当的机会沟通感情，这样才能建立大家对你的好感。

第二，别太磨叨。

有的群主完全借鉴了在家族群里那一套东西，以为在社群里唠家常能够拉近关系，结果变成了喋喋不休的碎嘴子，这可能会让群友们感到不适，说到底是急于变现的想法太强烈，对群友之间的社交失去了兴趣和耐心，所以"重要的事情说三遍"并不适合日常沟通。

第三，正确给自己定位。

有些社群管理者面对陌生群友时，总想着通过表现自我吸引对方的关注，让更多的人留在群里。这个思路没错，但切忌用力过猛，一旦让对方觉得你"好为人师"，就喜欢给别人指指点点，那么好感度十之八九会下降。所以，经营社群要热情有度，保证发言的质量，摆正自己的位置，不要用"老娘天下第一"的口气和客户沟通。

斯通定律给销售的最大启示是，要先将社群成员当成可交往的好友，而不是可赚钱的资源，这样大家才能感受到你的诚意，才不会把你认定为想要赚他钱的人，当双方对彼此的认识回归到正常的人际关系中时，这时候再谈钱，那就是顺水推舟的事儿了。

精神股东：让消费者为你出头

想要把人聚集起来，首先要把心聚集起来。

做社群，最看重的就是凝聚力，没有凝聚力的社群，就算个个都是高价值用户，也是一盘散沙，因为线上社交玩不"嗨"，线下活动搞不来，就算是天天几百条群聊信息，也是面和心不合。更重要的是，一旦有人从中拆台，看着热热闹闹的社群可能转眼间就作鸟兽散。

有人觉得，人心难聚，那就加强管理呗，群主多操点心，群管理员多用点心，大咖们多费点心……殊不知，这不过是治标不治本，想要真正把人心聚起来，就要让每一个群成员变身为"精神股东"。

精神股东是近几年流行的一个词，多见于各种品牌、IP的商业大战。比如DC漫画和漫威漫画谁更好、华为和小米谁更好、奔驰和宝马谁更好……诸如此类的话题下，总能看到自动站队的两派人马唇枪舌剑打得不可开交。可如果仔细一打听，那些个争得面红耳赤的卫士们可能连东西都没买过，但就是坚定不移地站了一边。哪个品牌有了这样一群不要工资和分红的股东，做梦都要笑醒。

既然精神股东下场表现这么好，怎么才能在社群里培养出来呢？

第一，赋予使命感。

使命感，就是让一个人不顾一切地完成某个目标的强烈动力。放在国家层面，有使命感的人就是英雄；放在营销层面，有使命感的人就是精神股东。当你创建了一个社群之后，就要在群里不断地发出暗示，甚至可以说一些带有"煽动性"的语言，让每一个群成员都自领任务包，然后通过他们帮助你传递想要表达的信息。其实，这和粉丝追星产生的狂热差不多。打个比方，你代理的产品被贴上一个"追求极致体验"的标签，那你就在极致上面做文章，让每一个群成员都认为自己是品味独特的人，他们应该把这种消费观念传递给更多"未开化"的萌新群友。一天两天也许没什么效果，可只要天天讲、月月谈，效果肯定会越来越明显，因为人本身就容易被心理暗示，更不要说这个暗示是认为自己高人一等了。群成员有了使命感，就会觉得不帮助扩散一下信息就有辱使命了。

第二，激发想象力。

都说想象力是创造力之父，其实想象力也是营销力的亲爹。那么多公司的老板喜欢给员工画大饼，就是借助了想象力给人们勾画了一张美妙的蓝图，有了蓝图，人就有了预期，为了这个预期就可以不顾一切。所以，成功的社群营销，都能够给大家足够的想象空间，让他们认为自己使用了某个产品之后，工作和生活上会有质的飞跃，特别是培训产品的营销，更会有一种"学了以后我就走向人生巅峰"的错觉，这个错觉的根就是想象力。当大家开始陷于幻想时，就在无形中把个人的命运和社群的未来紧密地联系在了一起，说话办事就会不由自主地"股东化"了。

第三，创造归属感。

在马斯洛的需求层次理论中，情感和归属位居第三级，是作用于人际关系中最显著的存在。有了归属，社群才更像是一个集团甚至家庭，有了归属，群成员才愿意主动地扩散信息并产生消费行为。想象一下，在你面前有两个交流现场：一个进去以后外面被玻璃格挡，另一个在完全开放的环境中随意走动，你觉得哪个交流现场的亲密度更高呢？显然是前者。因为第二个现场任何人都进得来，就成了公共区域，没有界限，也就没有了凝聚力。同理，想让社群形成一个有凝聚力的整体，就要设置物理界限或者虚拟界限，这样才会产生你、我、他的视角概念。当然，线上营销设置物理界限是不可能的，但是可以通过小额度的付费进群、邀请码进群、熟人介绍进群，甚至参与挑战进群等方式提高准入门槛。想想看，你费了九牛二虎之力才进去的社群，你会轻易地再退出来吗？因为你找到了组织，这种归属感会让你觉得自己就是其中的一分子，所以积极参与社群活动就是理所应当的事情了。而且，有准入门槛的社群，看起来就比什么人都能进的社群要档次高一些。

第四，确立统一的价值观。

三观不合，友谊的小船说翻就翻。对社群来说也是如此，虽然人和人不能在思想认识上保持完全的一致，但至少应该在几个关键点上统一观念。打个比方，有的人认为跑跑步、踢踢腿就能健身，有的人认为必须去健身馆接受专业教练的指导才能健身，这就是两种不同的价值观，你让第一类人一年花个几千上万的去健身肯定很难，所以就要及早地甄别出来，大家在某个点上是否三观一致。只有观念一致，社群成员才会把彼此当成是自己人，就有了"站队"的意识，那么在和外界的信息发生冲突时，自然而然地会帮着维护，对于社群的管理者来说，社群秩序也更有序健康，老成员变现率提高，新成员融入速度加快，这样的社群氛围谁不喜欢呢？

第五，提升成员能力。

但凡是人，都有被外界肯定的需求，特别是得到一个组织的肯定，虽然是虚拟荣誉，但是给人精神上的满足是不能简单量化的。不管你是经营实体产品还是课程培训，都可以通过发表观点、总结学习心得、分享使用经验等形式，鼓励成员们在社群中发声、发文、发图、发视频，然后带动大家以示肯定，这就让社群成员有了成就感，这种成就感让成员觉得自己在这个组织中获得了能力上的提升，他们自然就不愿离开，还会通过交流和消费继续获得肯定。

第六，多组织线上和线下活动。

凝聚力不仅要靠思想碰撞和语言交流，偶尔也需要见见面，毕竟人和人想要关系密切，线下的交往是不能缺少的。当然，线下活动会产生相应的成本，所以要等到线上的社交氛围足够好、社群成员普遍产生了线下交流的需求时，适当地开展一些AA制的活动，相信大多数人也能接受。有了线下交流，参与感就增强了，社群成员的忠诚度也就跟着上去了，那么为了维护这个让他们感到愉快的群体，他们自然愿意付出时间、精力和银子。

社群精神股东数量的多少，从某种程度上可以看出大家"社群化"的程度高低，也就是一个人除了个人的标签外，还有一个某某群成员的标签，这个标签就是社群的品牌，就是凝聚力的硬指标，也是零售的转化率。

Part 4

粉丝经济：
群主和群友的
互动套路

好社群画像：一个表情包能激起千层浪

让你的社群每天都能"吸粉"

好群主等于半个CEO

社群变现，不怕套路老，只怕套路少

清空旧思维，从布局营销系统开始

你妈喊你砍价：亲友群的消费拉动能力

好社群画像：一个表情包能激起千层浪

幸福的社群是相似的，不幸的社群各有各的不幸。

同样是社群，群主和群主并不一样：有的是只能当信息搬运工，每天在群里发发广告和段子，可没几个人回应，一到让大家掏钱的时候也是响应者寥寥；有的是赚得钵满盆满，发个表情包都能一石激起千层浪，群友们不仅是讨论的热情高，花钱的激情也不小。更糟心的是，也许某个群友在A群里装死人，到了B群就成了积极分子，所以问题不在个人，而在整个社群的氛围。

为什么同样都是社群，有的活跃，有的死气沉沉呢？一般来说，有以下三个原因。

第一，群主没有个人IP。

这个IP倒不是指群主有什么过硬的背景或者超人的技能，而是一提到群主，想夸都不知道怎么夸，不知道群主擅长什么，也没有给大家留下深刻的印象，只是一个看一眼就忘的头像和网名而已。

第二，缺少有效的互动。

互动是一门调动人积极性的学问，不是强撩别人说话，而是让人有主动参与的欲望，人气不旺的社群就是缺乏参与感，除了发个红包能炸出点波澜之外，再发什么东西都无人响应，说白了，这是大家对社群的活动彻底失去了兴趣。

第三，缺乏奖品或者福利。

虽然社群营销是低成本甚至零成本，可群主也不能一毛不拔，就算不给群友点货真价实的东西，好歹也得分享一些有价值的信息，如果你不能让群友感觉这个群有"特殊待遇"，谁还愿意傻乎乎地待下去呢？

以上就是那些不活跃的社群的显著特征，那么怎样才能把社群运营成一个凝聚力强、参与感重、积极性高的团体呢？

第一，找对互动话题。

互动不是你撩我、我撩你这么简单，必须要撩到点子上，否则就成了骚扰。选择大家都感兴趣的话题，这是最容易互动的开场。比如在水果团购群里，可以询问大家都爱吃什么水果、送人都送哪些水果等，这些都能引起大家的兴趣，容易从冷场变成热场。如果一开始群友有些拘束，那社群的管理者可以起个头，带动大家，一来二去气氛就出来了。需要注意的是，在进行话题讨论的时候，最好明确分工，找一个人充当话题的发起者，再找一个人充当主持人，剩下的就是参与者了。千万不要你一句我一句，群主当普通的管理员用，大咖当成群友用，这样就会冲淡一些人的参与兴趣，也会造成秩序混乱。

第二，有创意的福利政策。

单纯的发红包显得有些"人傻钱多"，并不能真正调动群成员的积极性，所以最好把福利和游戏结合起来，比如看图猜物的小游戏，谁猜中的多才能领到红包，猜不中要发红包，或者举办自拍照、唱歌的小型在线活动，奖励给表现突出的人，或者成语接龙、诗词比赛等，总之形式是多种多样的，福利不过是奖励大家积极参与的筹码，而非最终目的。特别是那些学习型的付费社群，当大家学习了一段时间以后，开展一轮小游戏，既能让大家放松，还能增强凝聚力，更容易让人记忆深刻，并对社群产生依赖感。

第三，增加新成员。

任何一个社群，时间长了，活跃分子也就是那么几个人，其他人不管怎么调动，活跃度也不会有质的改变，这是人性使然。那么，适当地加入新成员，特别是有个性的新成员和大家互动，这样就能保持社群成员之间的新鲜感。当然，让老成员去给新成员介绍社群的情况，让他们彼此增进了解，这些必要的社交环节也是在保持社群总体的活跃度。因此，不要只把新成员当成变现目标，还要把他们看成是活跃社群的调和剂。

第四，必要的奖励机制。

奖励和福利有所不同，福利可以看成是无条件或者低条件发给群成员的，而奖励就是实打实的，它不能通过玩游戏这种方式给予，而是要照顾到群成员的自尊感、成就感和满足感。比如，每个月在社群中评选出活跃分子，这个活跃不单指发言多的，也包括分享信息多的，帮助大家答疑解惑多的，总之都是要对社群发展有切实贡献的人，通过奖励不仅能让活跃分子继续保持，也会带动其他成员的参与感，让他们知道想要获得奖励必须有看得见的付出。

其实，当一个人在社群里留存的时间越长，投入的时间、精力和金钱越多时，就会产生越多的"沉没成本"，所以他们不会轻易离开社群，反而会强化和社群的粘合度。

当然，一个社群再优质，也不可能24小时都保持活跃度，所以社群的管理者要找合适的时间段，比如下午3点到5点、晚上8点到10点，通常这两个时间段大多数人不会非常忙碌，有时间关注社群里的动态。当然，这只是最初的运营阶段。当你感觉到社群逐渐形成了凝聚力以后，你还可以引导大家形成针对社群的生物钟，比如每天早上分享一条前言信息，临睡前的某个时间段发布一条广告。不要害怕挑战用户的习惯，只要内容足够优质，氛围足够正向，大家都会像看《新闻联播》那样每天晚上7点准时出现。

如果你觉得运营社群有难度，面对那么多人不知道该如何下手，不妨尝试一下这种方法：不要把社群当成一群人，而是当成一个人，这个人的人设就是你对目标用户的画像，你发布的信息就是为了和这样一个人去交流的。用这种方法，很容易让你进入正常社交关系的状态，会帮助你认清社群存在的缺点，也容易让你身上的一些优质特征呈现出来，减轻运营压力。

让你的社群每天都能"吸粉"

如今真是一个全民"吸粉"的时代，玩个抖音要吸粉，刷个微博要吸粉，闲鱼上出个闲置也要吸粉。吸粉，表面上吸的是人，实际上吸的是用户的注意力。

经常听到做社群的抱怨变现率惨不忍睹，说白了还是粉丝量上不去，虽然不少人看中的是高价值用户占比而不是单看数量，可高价值用户也是经过层层筛选的，如果你连一个基数都没有的话，即使想做小而精的社群也是难上加难。今天，我们就来探讨一下有哪些吸粉的渠道和方法。

先说说吸粉的渠道。

可能很多人刚开始做社群的时候，第一个想到的就是亲友群、同学群这些既有的社群，可是这些社群总归人数有限，也许为了照顾你的面子能买一次，下一次就未必了，因为他们很可能不是目标用户。那么，我们必须从其他渠道再去拉人。

第一，微信。

微信是很多社群的大本营，客户资源丰富，而且这个平台基本上是闭环管理，你可以通过人工搜索各类微信群，寻找你想要的用户，经过挑选之后再逐个添加，虽然要耗费一定的精力，但毕竟在平台内部操作，相对稳妥一些。另外，借助微信公众号吸粉，也是一个不错的办法。

第二，各大社交平台。

现在论坛时代已经过去，大部分流量都被整合在少数几个社交平台上，比如微博、贴吧等等，不过仍然有一些小而精的论坛，比如宝宝树这类的宝妈聚集地，人数上可能不那么壮观，但是定位很清晰，只要找对了就都是高价值用户。所以，多了解这些社区，多在里面露脸发帖子，选择能够引起大家注意力的标题，时间一长自然会聚集越来越多的人。

第三，视频平台。

如今短视频日益火爆，成为吸走用户注意力的超级流量池，如果你能够制作出质量不错的短视频，不妨发到抖音快手西瓜这些视频平台上，把社群的特征表达出来，把你要关联的产品展示出来。不过要记住，很多视频平台对打广告的行为是限制的，所以不要在签名或者视频中添加群号这些信息，先把段子做好，有人关注了自然会和你讨论，到时候找个适当机会拉他们进群也不晚。

第四，地推广告。

线上推广固然重要，但是线下的宣传也不能忽视，如今很多做社群的人只盯着互联网，这反而缓解了线下宣传的竞争压力，如果你还有一定的资金预算的话，不如在一些商圈、目标用户出入的场所来一点线下推广，也能吸收到高价值的用户。不过，既然打广告，就要保证精准度和质量，比如要指出你的社群是为哪一类人服务的，不然吸过来一群非目标用户，只能白白浪费你的投入。

第五，专业软件。

网络上有不少的吸粉神器、吸粉软件，这些东西多少能帮助你拉人，也能缓解人工操作带来的压力，特别是在时间紧迫、有数量要求的情况下，这种软件能够帮你解决燃眉之急，不过需要注意的是，不要老想着用什么免费版、试用版，通常这些版本的软件功能不全，弄不好还会中毒，所以去淘宝这些电商平台搜一搜，看一看，总能找到价格适中的引流软件。

第六，线下社交活动。

如果你有机会组织或者参加某种培训课程，或者是文艺沙龙、俱乐部和协会的活动、企业家联盟活动等等，千万不要只顾着看热闹，一定要找准机会为你的社群"添丁进口"。当然，时间有限，不可能一个一个添加，你可以先锁定一个意见领袖，通过和对方建立关系吸引其他人。因为这种线下活动通常都聚集了爱好相同、身份特征相近、消费观念一致的人，变现价值很高，所以千万不能错过。

再说说吸粉的方法。

把陌生人拉进你的社群，方法肯定不是唯一的，这要看社群的管理者擅长做什么已经拥有哪些优势资源，总的来说可以分为以下几种方法。

第一，通过内容吸粉。

不管营销的套路怎么玩，内容永远都是最重要的，简单说就是把有煽动性的文字和有感染力的图片结合在一起，这是适用于大多数情况下的宣传。如果你擅长文字内容，那就用简短的几句话描述出你的社群有哪些特点，比如"我们都是户外重装战士"，让人一听有些热血，还能明白就是和户外活动有关，也涉及了户外装备，进群之后再做生意也不显得突兀。同样，如果你擅长制作动图，以一张有趣生动的GIF图片在贴吧、微博这种娱乐性强的平台转发，也能起到吸粉作用。

第二，通过老客户吸粉。

老客户就是你扩大群体的种子，借助他们自身拥有的资源帮着你扩散，这是一种传统路子，虽然不至于产生裂变式的效果，但总比你自己没头没脑地乱撞要好。而且，借助老客户推广也能强化你们之间的关系，当然要适当地给予一些优惠政策，充分调动起他们的宣传热情。

第三，通过活动吸粉。

这是最常见的手段，线上线下都适用，不过现在各种吸粉活动搞得也是狼烟四起，如果没有点创意，很难聚焦用户的目光。那么，最简单的办法就是蹭热度，比如和某个电商节活动打个时间差，在它们开始宣传的时候搞一个名字或者主题类似的临时群，让大家误以为二者之间有什么关联，当然操作起来要小心别涉及到法律问题。此外，立足活动创意本身也是可行的，比如推出"进群就送礼""买一赠二"之类的优惠活动，听起来虽然老套，可只要能让人感觉会占到便宜，人们还是会趋之若鹜的。

第四，通过资料吸粉。

因为工作需要，很多人会在网上搜集资料，可如今付费的平台越来越多，有些人并不愿意花这个钱，那么谁手里有免费资料，谁就是香饽饽。作为社群的管理者，可以把手头的资料分类整理出来，如果没有就花点钱去买一些，不过要买热门资源，比如营销类的、设计类的、互联网技术类的等。有了这些资源，你就可以把自己的社群改名字叫"互联网资料分享群"。然后，你可以制作一张图片，在图片上把资料分类都标注出来，同时加上微信群的二维码，并且告诉大家只做分享不出售。有了这张图片，你就可以去其他社群里发图，一天至少能引流100人，效果非常显著。把这些人吸引过来之后，你还可以持续地放出一些资源，大家免费用着心理难免觉得欠你一个人情，到时候再发布产品信息，多少会有人给面子下单的。

第五，通过红包吸粉。

很多时候，红包就是引流的利器。首先你可以发个红包进自己的几个微信群，别忘了在红包上备注"拉我进群还有红包"，虽然会有人以为是骗局，可总会有人相信，于是你就堂而皇之地进入其他微信群，这时候要兑现承诺发给帮助你的人红包，然后再请求对方把你拉到更多的群里。然后，你就可以不断复制这个办法，一天加进去几十个群甚至上百个群都没有问题。可能有人会一脸问号：

加这么多群有什么用呢？其实这就是广撒网的套路，能够帮助你在最短的时间内加入最多的群，那么就有机会发布信息，这种做法对那种定位精准的产品可能不适合，但是对那种流量需求大的营销模式就很适合，因为他们当中总有些人禁不住打折优惠的诱惑，会盲目掏钱。

第六，通过技术吸粉。

现在有越来越多的人在朋友圈分享技术学习类社群的二维码，这里面真是五花八门，有学习烹饪的，有学习英语的，还有学习写作，同样也是一种很好的引流方式，它的套路就是在新用户看到别人分享的二维码之后，扫码进入群里，然后看到社群的规则：转发朋友圈，拒绝屏蔽或者秒删，发送之后截图进行审核。完成这些步骤，你才能正式进入到学习群里，之前只能在审核群里待着。那么，当你免费或者低费用学习一些技能的时候，你也帮助社群进行了宣传。而且通过对兴趣归类，可以精准定位用户，十分适合需要细分的行业和领域，也正因为匹配度较高，所以刺激他们消费也更容易。

吸粉的渠道和方法永远都在更新，所以要用变化的眼光去看待它，要懂得跟上时代，那种学了一两种方法就准备用一万年的思路，迟早会让你背时代抛弃。当然，适合自己的方法才是最好的，不要盲目复制别人的成功经验，要发挥自己独特的优势，毕竟吸粉只是第一步，当大家发现你除了会拉人再无其他特点之后，煮熟的鸭子也一样能飞走。

好群主等于半个CEO

在过去全民下海的时代，人人都能挂上"经理"的头衔，如今还有一个头衔被大多数人占据，那就是"群主"。别看没有年薪没有编制，可动不动手下就几百号人，也算是管理层级别。如果把社群看成是一个公司，那么群主就相当于CEO，管理好了才有生产力（变现力），管理不好了就会入不敷出。

那么问题来了：一个CEO应该是什么样子的？

第一，懂得变通。

有些群主真的是比较死板，发布产品价格之后，有群友询问一些敏感问题，一个"不知道"就给打发了，给人感觉真是中间商赚足了差价，这样人家还敢掏钱吗？难道就不能说一句"我去问问代理商再回复你"，别想着一天解决所有问题。记住，群主对群友的反应，其他人也能看得见。

第二，不要事必躬亲。

既然是CEO，那就没必要把扫地大妈叫进办公室指导工作，事必躬亲不仅不会提高变现率，反而是把自己演成了服务员。有时候，群主不要太拘泥于细节，要大胆去做，如果出了什么政策上的问题，还是有机会调整的，可一步都不敢踏出去，以后你连犯错的机会都没有了。

第三，要会制造氛围。

为什么要有企业文化这种东西？就是为了制造一种工作氛围。社群也是一样，活跃度太低，就找能说会道的人去调解气氛，实在找不到，自己建个小号进去调节气氛也行，总之，不能让群里冷场，不能让大家觉得无聊，那样什么货都带不动了。

第四，学会换位思维。

CEO会面对很多不同岗位不同职业背景的人，虽然不至于对每一个人都换位思考，可起码也要知道作为基层想的是什么，作为中层想的是什么，摸清了一类人群的基本特征，才能找到症结所在，才能以最小的成本解决问题。如果只站在自己的立场思考，早晚要干成光杆司令。

第五，切忌单枪匹马。

一个好汉三个帮，CEO再强也是一个脑袋两只手，不依赖团队和人脉怎么行？有些事，就要交给信得过的人去做，如果找不到值得信赖的人就要早早培养，没有自己的班底，只能做小规模的个人社群，稍大一点就玩不转了。想让社群发展壮大，就得尽早明确分工。

第六，拥有个人魅力。

CEO可以严肃，可以和下属保持距离，但不可能整天都板着一张脸。马云扮过白雪公主，马化腾跳过翘臀舞，大佬都能与民同乐，一个群主自然要懂一点幽默，要在适当的时候放下架子，讲点段子和大家哈哈一笑，这样才能把气氛活跃起来。

说一千道一万，把群主定位为CEO，当然不能每一项都去对标，而是让人们知道，形象和定位有多么重要。除了大事上要体现出能力之外，在很多细枝末节的小事上也要做好。

第一，能带起话题。

带话题就像是公司里开早会，内容不是关键，气氛才是第一，甭管说什么，只要能让群友们有参与感就是成功的。

第二，能答疑解惑。

既然是主事人，难免会有人向群主提问，不管是高价值用户还是低价值用户，最好都能认真解答，起码不要让人觉得你是在敷衍。虽然回答一个问题未必能帮你变现，但表达的是一个认真的态度，日积月累，就是个人IP的一部分。

第三，能给人暖意。

公司里来了新员工，领导总要说两句好听的，那么群里来了新成员，也不要简单打个招呼，最好发个小红包，发动大家都问一声好，这样才能密切群成员之间的关系，也给大家找了个新话题。

第四，能下场助威。

有些群成员会在群里发砍一刀的链接，或者求点赞给孩子拉票，如果这些事情并不频繁，不影响正常的社群秩序，作为群主可以允许并且带头帮忙，这样大家才觉得这个群是有价值的、群主是热情的,不要为了维护秩序弄一堆禁令,到时候全部装死,这样的氛围还怎么玩营销?

第五,能宽以待人。

也有些群友,喜欢在社群里发广告,这种事往往会扰乱社群秩序,也可能给社群的营销带来影响。不过,群主不能上来一板砖就拍死,而是可以委婉地提出警告,提醒群友不要影响到其他人,如果再有第二次,那就要直接踢出群。这样的处理方式既宽容有度,也能杀一儆百,真等到人人都发广告了,再严格管理就没用了。

第六,能体贴入微。

虽然群主不必事必躬亲,但有些事偶尔做一下还是会美化自身形象的,比如有人下单了,发货的时候可以通知一下,派件的时候通知一下,这样会让人感觉你是在用心经营,而不是赚一票就走人。同理,在群友收到货之后,一定要询问是否满意,询问产品是否有可以改进之处,当然真的改不了的,也要给人家一个解释。

第七,能化解危机。

365天不可能天天都正常,总有快递爆仓、发货慢或者商品被物流损坏的事情,遇到这种事别装不知道,也别老想着依靠管理员去协调,该亲自出马解决就亲自出马,只要你参与进来,大家就会认为你的态度是积极的,遇到问题也会耐心协商,矛盾就会被压到最小,对社群的信任度则会提升。

第八，能慷慨大方。

有时候遇到退货的情况，群主别算计着自己会损失多少，应该主动地垫付运费甚至是货款，等到和平台、代理商或者渠道商解决完毕之后再具体清算，该花的钱一定不能省，适当地慷慨大方一回，等于给自己积累无形资产，而这些都会转化为变现的能量。

一个群主该做什么，不该做什么，这个没办法统统都列出来，我们需要学习的不是具体的招数，而是一种思路，当你真正认清了自己的定位，认清了自己和社群成员的关系以后，什么事情该如何解决，就会渐渐找对方法，即便中间存在试错，只要你态度诚恳，相信大部分人还是能理解的。

社群变现，不怕套路老，只怕套路少

问一个有些尴尬的问题：有多少人耐着性子和群友聊天时，心里想的是一句话能变现多少钱？估计想点头的人占了99%，其实这也不丢人。

靠社群来赚钱，这是几乎所有人创办社群的初衷，可现实和理想有时候就是骨感对丰满。有的人是变现手段不够高明，有的人完全是不知道怎么变现。眼看着手里掌握着一堆的资源，却不知道怎么合理利用，这也够让人着急的。

那么，我们先来看看，为什么有的社群变现率如此惨不忍睹。

第一，社群准入门槛太低。

变现率代表的是一个比例，并不能单纯反应出获利多少，却能够反映出社群成员的价值高低。很多社群的管理者"好大喜功"，随便什么人都拉进来，没有一套筛选标准，更没有明确的管理机制，导致数量上去了，质量降下来，大家都觉得自己不受重视，自然也不愿意关注社群分享的信息了。

第二，产品展示形式单调。

如果你问一些社群的管理者：今天你分享信息了吗？对方肯定忙不迭地点头，结果你进群一看，一水儿都是图片，还是那种放大就能看见马赛克的。这样的产品展示，谁看了会有购买的冲动呢？只有采取丰富的表现形式，才能营造出社群的高性价比。图片要发，视频也要上，微课不能丢，直播也可以偶尔做，只有多方位立体化展示产品，才能让用户产生亲切感。

第三，内容无趣。

做社群和做短视频一样，不要绞尽脑汁弄出一个优质的就完事了，如果后续跟不上同档次的东西，用户的注意力又会被更优质的抢走。想要牢牢抓住用户的目光，就得变着法地玩花样。当然，有人说我实在没那么多精力，也没有那么多资源。难道就不会学学郭德纲的段子吗？把馒头扔开水里当涮火锅吃，把馒头夹上生菜叶子当汉堡吃，把馒头拍扁了当肉饼吃……你有多少资源不重要的，重要的是从不同的角度切入，今天你介绍产品的功能，明天就讲几个使用案例，后天再讲几个品牌故事，你并不需要掌握绝对的丰富资源，你需要的是巧妙加工信息的手段。

第四，不清楚用户的心理价位。

但凡经商总有一个"试水"的阶段，有的社群管理者太过心急，没有测试群里用户的心理价位，全凭感觉定了一个不合理的价位，导致大家一听就没了兴趣。再或者，不懂得搞差异化价位，有的用户愿意多花点钱买增值服务，有的用户就想要标配，这些需求必须要被重视，不能图省事一刀切，其结果就是没人买你的账。

第五，交互缺乏多元化。

有些社群管理者，就记住了分享高价值信息，结果每天不是上大课就是灌鸡汤，从来不会和群友们聊聊新闻侃侃八卦，这就是缺乏多元化的内容，让大家觉得进群就是放下书包听老师讲课，刚开始还有新鲜感，时间长了谁还愿意点开看一眼呢？社群成员是人，是人就有多方面的需求，有认识上的也有情感上的，有面向工作的也有面向生活的，交互的方式越多，你才越有机会更全面地了解他们，同样，他们也会更全面地了解你，这才是增加用户粘性的机会。

第六，前期宣传不够。

社群营销不是碰见一个人就拉过来，最理想的方式是通过撰写软文吸引过来。如今做营销都得当半个文案大师用。看看人家微商，"喜提玛莎拉蒂"靠的也不只是图片，还能配上让人热泪盈眶的励志文字。虽然不是每个人都有文字功底，但是软文的确是成本较低的营销手段，你要是没经验就多找找同类的文章看看，照葫芦画瓢总能有点用。写好了软文，就等于在用户心里埋下了消费的种子，它可能在一段时间内被群里各种互动取代，但是当你正式要带货时，它就能唤醒用户的购买欲。

当你知道为什么变现率低了之后，接下来要考虑的就是如何去变现了。总的来说，有三种形式。

第一，付费变现。

说白了就是花钱进群，这个一般适合课程分享类的社群，社群里也必须有一个大咖，最好不是群主本人，这样容易给人自卖自夸的感觉。大咖的作用是让群友一听名字就肃然起敬，觉得花钱听一听很值得。现在不仅是个人社群流行付费，很多企业社群甚至要求年收入超过多少亿元才有资格进群。由于变现较快，所以社群邀请大咖的底气也足，容易产生优质的内容输出。

第二，广告变现。

这种变现其实是把社群当成广告投放渠道，依靠广告的散布来赚钱，存在的风险比较大，因为在用户和社群粘合度不高的时候，很容易把这一类的社区当成是垃圾社群快速过滤掉。所以，不做好前期的运营工作，不要贸然去投放广告。但是这个孵化时间又不能太长，不然会消耗过多的成本。对于社群营销能力一般的人来说，不建议走这条路子。

第三，产品变现。

这就是我们经常说的带货了，当然货跟货不一样，正规渠道的货和三无认证的货，带给用户的体验感是不同的。当然，你可以通过社群出售自家的土特产，但前提是要确保质量没有问题，货源充足，这样才能持续变现，否则给人的感觉是做一锤子买卖的流动摊贩，很难建立长期的交易关系。如果你能代理大品牌的优惠价产品，这个竞争优势就非常明显了，不过对很多新人来说很难遇到这种机会。

第四，服务变现。

这种变现方式更多的是企业社群而非个人社群，主要是针对某一类产品的增值服务，比如改装、过保维修、私人订制等，具有较强的技术性和专业性，也需要有一定的服务人员长期蹲守在群里及时回答问题，对于缺少这方面资源的人来说并不合适。

第五，众筹变现。

虽然众筹这个词近几年不是很火了，不过仍然有一些人热衷于这种玩法。但是，这种变现方式门槛较高，一般都是有技术的人或者有号召力的人发起，通过独特的产品设计或者概念设计来吸引潜在用户，然后实施变现。如果你没有这种开发能力或者"忽悠"能力，也不要碰这种模式。

第六，合作变现。

现在的创业已经不是单打独斗的时代了，抱团取暖才能让利润最大化。如果你手中的资源和别人的资源可以结合生钱，那么大家聚集在一起组成社群，就是"互利互惠"的合作关系，同样可以变现。打个比方，你是做鲜花养殖的，但是不懂得怎么推广，然后认识了做视频剪辑的，可以帮你设计内容，又认识了搞物流的，那么大家就可以把各自的资源和能力整合在一起，流量也都引导进一个锅里，以分成的方式赚钱，风险共担，利益均沾，对于新人来说也是不错的选择。

归根到底，社群变现还是走的粉丝经济的思路，很多套路并不新鲜，主要在于你能否找到最适合自己的那一款。从战略上讲，先做好内容再考虑变现，这样才能走得稳。从战术上讲，先盯着人再去盯着钱，这样才走得长远。

清空旧思维，从布局营销系统开始

来得早不如来得巧，来得巧不如玩得好。

社群零售刚兴起的时候，吃流量的红利就饿不死，可如今增长速度放缓，社群经营同质化日趋严重，这就导致了运营的压力逐渐增大。就像为什么微商的势头不如前几年那么猛一样：过去可以靠圈人成交，可现在就必须全盘布局，站在营销系统的角度思考，才能保证不被打败。

有的人不懂布局，认为自己每天分享信息，和群友互动，这就是在运营，其实这只不过是日常的维护工作，真正的营销系统布局，在你接触到用户之间就该做好了。

第一，布局IP形象。

不管你的战场是在微信、QQ还是别的什么地方，必须先把刷屏卖货这种老思维打掉，想出一个最清晰的解决方案才行。道理很简单，你生病了，相信卖药的还是大夫呢？所以持续卖货只能证明你是个商人，并不能证明你可以帮助用户解决问题，只有当你能够持续提供有价值的信息时，大家才会在生病的第一时间想到你。所以，布局IP，就是把自己定位成大夫。这样一想，思路是不是就很清楚了呢？打个比方，你是卖面膜的，解决的就是"女性外在形象和内在健康的问题"；你是卖智能音箱的，解决的就是"人类生活AI化的问题"；你是卖车厘子的，解决的就是"高端水果如何匹配高品质生活的问题"……把手里的货和解决问题挂钩，你才有机会变身为大夫或者导师，否则不过是一个货郎。

当你能够通过社群给用户解决问题的时候，用户从开口咨询到下单买货，就都能体现出价值和价格了，这就是你的IP内在形象。除此之外，你还要经营外在的IP形象，比如选择一个什么样的头像作为群主的个人头像，选择一个什么头像作为群头像，选择什么签名才能体现出你的内涵，这些都直接和你要打造的IP挂钩的。钩子挂得越紧，可信度就越高。

第二，布局互动模式。

有的群主觉得自己天生自来熟，会聊天，懂人情世故，就以为互动没问题了，殊不知这些只是具体的操作手段，并不能代表着你全盘审阅了互动模式。互动不仅是可见的触发行为，还是一个清晰的布局计划。互动不是为了打情骂俏，不是为了套近乎，而是为了解决信任危机这个问题，那么你说设计的互动都要集中指向它。毕竟，随着社群规模的扩大，熟人越来越少，陌生人越来越多，好朋友之间的玩笑段子可能就不适合跟陌生人说了，这就需要你通过有价值的互动来解决。

曾经有一位做社群营销的大咖说，他有一个500人的社群，至少与三分之一的人聊过半小时以上，单从数据上看很多人已经无法企及了，更不要说人家还是打出了微课堂、直播、网课等多种组合拳来强化互动，由此才触发了有意义的私聊。互动模式布局到这个高度，才能深度吸引用户，凸显社群的信任价值。

第三，布局流量平台。

你可以没有打造流量平台的能力，但你必须为这个平台的流量增长操点心。说白了，门前的大街都扫干净了，逛这条街的人才能多，进你铺子的人才不会少。因为行业和行业不同，产品和产品不同，不能指望每一类社群都能在某一天获得爆发式的增长，更多的只能依靠逐步的积累，那么流量平台就要"打扫干净"才行。打个比方，某个论坛聚集了一大批发烧友，你手里的货就是为他们而生的，可你为了疯狂变现天天刷广告、买水军、发链接，搞得大家连基本的浏览都进行不下去了，这种火车站拉客似的引流虽然能在短期内给你带来一定收入，但是从长远来看是在毁掉和你利益相关的流量平台，无异于杀鸡取卵。

爱流量没有错，但有时候不能太自私，只有先保障公共区域的流量稳定，才能方便你的私人区域流量不断，这不是一个简单的运营工作，而是战略上的布局手笔，必须在你正式卖货之前就纳入可行性计划之中。那种急着变现而疯狂"截流"的社群，很容易被各个流量平台封杀，得不偿失。

第四，布局运营秩序。

玩转社群营销，首先是保住你的社群账号，别被封号或者降权，这样才有玩的地方。有的人并不在意这些细枝末节，结果往往败在了一些小事上。每一个流量平台都有属于它们的规矩，了解规矩是初级水平，利用规矩才是高级水平。比如在微信的生态环境下，怎么拉人不被系统判定为打广告，怎样才能解封最快，怎样操作才会被算法认定为优质社群，这些都需要你在开玩之前就搞清楚，不能临时抱佛脚。

现在，各大流量平台都有越来越严格的算法，虽然不能代表绝对正确，但已经是定死的规矩了。只有遵纪守法不踩雷，才能保证自己辛辛苦苦运营的社群得以保存。打个比方，微信对主动加人的操作都特别敏感，如果你一天主动添加的人数过多，就可能被系统特殊注意，所以最好的办法就是让对方加你，你尽量保持被动。当然，每个平台的算法不一样，你准备进入哪里，就去相关的论坛或者社群中先了解一下，然后再实操，不要当门外汉。

布局营销系统，注定是一个漫长的过程，但是这个过程并不枯燥乏味，只要用心投入，会学习到很多实用性的知识，也会尽早了解到身上的不足，虽然在短时间内可能无法变现，但这个根基扎得越稳，未来增长的趋势才能越稳。

你妈喊你砍价：亲友群的消费拉动能力

"XX，快来帮我砍价！"

相信很多人对这句话并不陌生，没错，这是身边拼多多用户的常用语了。还别说，这种亲切感的背后，证明了这个能够在美国上市的后起之秀的厉害。看着模式简单，价格低廉，可骨子里是把一部分消费者的心理琢磨透了。

天底下还有一种人，看着很精明，其实单纯得有点傻，他们建好了社群，时不时地推送几条消息，然后就等着收钱了，结果可想而知。

社群零售，不是一朝一夕就能做好的。你看到的成功只是真相的一部分，并不是全部。著名媒体人罗振宇的"罗辑思维"能成功，可不是收割一波粉丝就走向胜利的，他是用了一年的时间积累人气，每周一期原创的高质量视频，一点一点地积累粉丝，而那个时候的他，恐怕还没来得及考虑太多变现的问题。

变现，没什么不好意思提的，可真要走成这条路，没有前期的积累不行，而这也只是第一步。在积累足够的人脉和人气之后，你还得继续刺激社群的活跃度，这样才有机会收割到属于你的真金白银。

那么，怎样才能最大刺激社群的活跃度呢？看足球联赛我们知道能请外援，其实做社群零售也可以请外援，那就是你的亲友群。

亲友群对大多数人来说再熟悉不过了，它们几乎都有一个共同的名字"相亲相爱一家人"。没错，就是那种"不转不是中国人"链接文章的高爆发地带，也是被很多年轻人直接屏蔽消息的社群。不过，不要小看这种亲友群的消费拉动能力，在必要的时候可以发挥很大作用。

如果你做的是企业社群，亲友群就是直接的外援，他们虽然和产品本身没有直接联系，但是和你也就是群的管理者能挂钩，这就转到了比熟人社会更近一层的血缘社会，哪怕没有统一的目标和规则，你也可以直接和亲友们分享信息并让他们帮你转发。当然，这还不算完，你可以在推送消息之后，把产品带到他们的生活中，而这才是亲友群拉动能力的集中体现。

从线上转移到线下，一般的朋友和同事没那么流畅，而亲友就不一样了，逢年过节时，有重大庆典时，都可以把产品当成礼物奉送出去，这样能淡化营销的味道，让大家不敏感你的身份和背景，更重要的是，能够起到链式推广的作用。

什么是链式推广，就是通过一个人连接一整条线，以点带面地全面推开。当然，链式推广要选对入口，这决定了你后期推广的力度。

第一，年长者。

尊老，是中华民族的传统，特别是在大家庭里，年长者往往拥有至高无上的权威，如果你的产品能够和他们产生交集，那就能直接起到宣传的作用。而且，年长者收礼后，总有机会向别人提起，这就增强了宣传的可持续性。

第二，年幼者。

爱幼，同样是中华民族的传统，关注下一代是每个家族繁衍生息的重点，年幼的孩子虽然没有什么地位，但是他们能够聚焦注意力，特别是在逢年过节的时候，如果你的产品适用于他们，就可以通过关心下一代来合理营销，特别是当你擅长和孩子沟通时，就能低成本地让他们帮你宣传。

第三，有话语权者。

在每个家族中都有相对成功的人士，他们也许年纪不大，但是社会地位较高，能够帮助亲友办事，所以每逢聚会都能成为焦点，这也是你营销产品的切入点。如果你对产品拥有绝对自信或者口才一流，不妨先说服他们，那么接下来的营销就能直接开上快车道了。

亲友群的最大优势，就是线上和线下结合紧密，切换自如，没空聚的时候可以在线上先种草一波，然后找机会进行线下渗透，如有必要，也可以直接把亲友拉到社群中，只是要有一个过渡的过程，否则商业味儿太浓就比较尴尬了。

如果你做得不是企业社群，而是个人社群，自己有货源想要找买家，那么除了采取上述的策略之外，还要多加一个环节，那就是转换。转换什么？把亲友群的定位清晰化。你要知道，亲友群是单纯依靠血缘关系建立起来的，理论上距离商业化是最遥远的，所以你要进行部分的转化，让它具备变现的可能。要达到这个目的，可以从两个方面入手。

一方面，统一目标。

亲友群的属性是有血缘关系的亲友，这是无法更改的，但是目标可以更改，比如你可以通过分享知识和信息，为亲友宣传养生之道，拉近和产品的距离。拿出罗振宇那种埋头苦干的劲头，不怕花时间、花心思，这样就能渐渐树立起"我们都要长寿"的目标。有了统一的目标，你再从产品的周边进入，结合线下让亲友了解你的产品，就等于为实现目标找到了解决方案。

另一方面，提供价值。

想让亲友群不断活跃，想要吸引所有人的注意力，你就要不断提供给大家必要的价值，如果说统一目标是务虚的，那么提供价值就是务实的。打个比方，你的产品和养生有关，你平时分享养生知识，灌输养生观念，这是在统一目标，如果你能提供产品的试用或者解答亲友主动提出的咨询，那你就能提供价值。有了价值，才能让亲友群在血缘集合之外多了一层意义，而这层意义就是未来变现的推动力。

亲友群的消费拉动能力当然也存在着差异，比如有的家族内部比较和谐，有的家族利益纷争不断，后者想要改变现状并不容易。比较常见的是大家族内部会被割裂成小家族，说白了就是存在若干个小团队，遇到这种情况，不要自作聪明地把小团队再拉进一个群里，这样做会直接毁掉之前的铺垫工作，而且也没有实际意义。因为，那些对你有成见的、利益对立面的人，即便他们不认同你分享的信息和知识，也不会公然站出来反对，最多是当成没看见，所以保持群成员利益一致才是最稳妥的。

亲友群的内力，需要你去挖掘，分享知识和信息就是用内容去填充，经营好群内的日常活动可以稳固平台，释放出你的个人价值和产品特性，这是突出社群的资源优势。只有将这几个方面结合起来，才能变血缘为"原油"，燃烧出源源不断的消费动力。

Part 5

和消费者玩"零距离接触"

拉客户，先做"基建狂魔"

客户分类：鲸鱼和木鱼都喜欢海吗

醒醒吧，一千种产品要有一千种销售策略

客户挽留：想想那些年怎么和前任复合的

消费黏着度：营销故事越多越好

选对场景，社群才能"爆"到最大

舆情控制，唯快不破

拉客户，先做"基建狂魔"

2020年，电视剧《安家》霸屏，在一段时间内引起热议，这部剧不仅讲了买卖房子的故事，也讲了女性独立自主的故事，所以"安家"二字寓意深刻。的确，家是每个人都需要的，也是每个人最坚固的依托。同样，一个深受人们欢迎的社群，也应该是一个可以安家的网络空间。那么，不搞点基础建设，小区绿化没有，停车位没有，距离重点学校十万八千里，这样的"家"你会喜欢吗？

运营社群，首先要做的就是"基础建设"，这和"打扫干净屋子再请客"是一样的道理。那么，我们就来盘点一下必做的几项工作。

第一，群名。

有的群主对名字十分在意，觉得响亮的名字能吸引更多的人，其实大多数成员真的不会在意，只要别起得太让人反感就好，比如

"大龄剩女交友群",不如叫"单身贵族交友群",不要带有任何世俗色彩,而且要和主题相关联。

第二,群公告。

群公告不要信息量太大,一定要简单明了,有的群主总觉得要列出十条八条,可你想过没有,如果你写了三段话,别人或许会看两段,而如果是十段话,那就是一段也不会看了。其实,群公告只需要表达出三个内容就好：群友们能在社群里获得什么；群友们需要遵守哪些规则；群友们应该用统一格式作为群昵称。

现在不少人都会有各种各样的群,除了和工作有关的群,一般都会选择消息免打扰,不打开群就不知道里面说些什么,所以如果群主想要提醒群成员的时候,最好不要直接发 "@所有人",因为这样不能直接传递信息,不如在有重要活动或者重大事件宣布的时候用群公告艾特群全员。当然,群公告不要频繁使用,如果一天超过3次以上,就会引起一部分成员的反感,他们会觉得以后每天都会如此,这就可能导致用户的流失。所以,掐好时间非常重要,比如在活动开始前1小时或者结束的前几个小时。

第三,社群规则。

没有规矩,不成方圆。同理,一个社群也需要规则才能持久地运营下去,否则就可能陷入混乱。有的群主认为群规都是禁止群成员做什么事的,其实这是狭隘的理解,群规不仅可以禁止大家做什么,还包括鼓励大家做什么,巧妙地利用群规,还能够提升社群的活跃度。比如"本群鼓励大家分享和群主题有关的内容,每天晚上8

点至10点是讨论时间，欢迎大家踊跃发言"，这样的表达既告诉大家可以说什么不可以说什么，也能调动起人们的积极性。

既然有了规矩，那么当群成员触犯规矩的时候就要进行相应的处罚，当然最好不要是公开的，而是私聊提醒，严重一点的可以发红包道歉，触及原则性问题的就只能踢出去了。

第四，社群文化。

社群文化是社群运营的软环境，它直接决定了社群会处于什么样的氛围中。在社群成立之初，社群文化是靠群主带动的，但是随着人员的逐渐增多，大家之间的交流越来越密切，这时候就不是群主可以决定的了，最多只能引导。打个比方，群主喜欢茶文化，刚开始加入的群成员会在群主的带动下了解茶，可如果后来进入的成员喜欢咖啡，那么大家聊着聊着就会改变话题的风向。对于群主来说，如果大多数人都喜欢咖啡，那就只能顺水推舟，不能强迫大家去聊茶。

如果社群文化和社群营销发生了冲突，这时候群主就必须出手，否则会影响到变现的效果。可这么多人怎么出手呢？集中火力到发言最活跃、有意见领袖倾向的人身上，通过私聊让他们改变话题，这是最切实可行的，如果私聊无效，那只能采取极端措施了。当然，事情发展到这个地步，其实是群主的运营能力出了问题，应该是在出现苗头的时候就及时遏制，不要等到扩散后再去想办法，这样会带来社群内部的震荡。

当社群形成了独特的文化以后，就会形成一种强大的"洗脑"

能力，再有新成员加入时，就算他有巧簧之舌也难以改变，只能被潜移默化，而具备这样特征的社群，才是具有向心力和凝聚力的。

第五，链接。

社群的文化十分重要，但它也离不开成员之间的链接，这个链接就是成员彼此的互动，但是又不能简单理解为沟通。沟通是自然氛围下两个人的交流，而链接是人为干预下的交流。打个比方，你把一男一女放在一起，他们可能会打个招呼，也可能会保持沉默或者随口聊几句天气，这是沟通。而如果你作为中间人让他们各自作1分钟的自我介绍，增进彼此的了解，这就是链接。

同理，群主在社群中要多做链接，而不是等着成员自主沟通，毕竟不是每个人都是话痨，那么最可行的方案就是多组织线上或者线下的活动，对那些积极发言的人要表扬，对沉默用户要激励，然后引导大家围绕社群主题发言，从成员的差异中寻找个性，这样才有利于形成独特的社群文化。

第六，山头。

这个山头可不是另立山头、在社群里分化出小帮派，而是让一个社群成为一个小山头，有集体荣誉感，让每个社群成员都能发挥主人翁精神，愿意为社群的发展贡献力量，所以这是一个正能量的"山头"，并非是拉帮结伙和别的社群搞对立。打个比方，一个主题为"精致生活"的社群，营销产品是高端日用品，那可以在社群里培养优雅生活的品质感，让每一个社群成员都以自己独特的品味为傲，并且能够把正向的价值观传递给社群以外的人，既获得了精神上的愉悦，又能带动产品销售。

　　社群的基建活动，最终的目的只有一个——聚合粉丝。毕竟社群成员可能是来自天南海北不同的地方，地域不同，性格不同，成长背景不同，即使有共同的爱好也难以避免一些差异化，那么社群内部制定的规矩和培养的风气，就是为了消除这种差异化、强化共同点应运而生的，这是一个群主要认真思考和解决的问题。当你成功地让大家求同存异以后，社群的变现能力也就被激活了。

客户分类：鲸鱼和木鱼都喜欢海吗

　　如果有人问你有多少个客户，你也许答得上来，可如果有人问你有多少种客户，估计你就要挠头了。客户数量重要，客户分类同样重要。一个社群，即便是有着一个共同的主题，即便有着相同的爱好，但是群成员之间的差距依然是存在的，他们的消费心理如何，消费能力怎样，这些都要经过合理的分析才能勾画出清晰的图像。其中，最为突出的差别是年龄。

　　不同年龄段的消费者，其购物心理存在较大差别，集中体现在对商品的购买欲望、偏好、兴趣等方面。

第一类，老年消费者。

现在不少老年人也学会了用手机购物，成为拼多多这一类购物平台的常客，而社群零售也是距离他们最近的，所以能否抓住老年消费者的特点就特别重要。一般来说，老年消费者对超前的商品很难接受，消费需求往往比较集中，比如营养保健品、易于消化的食品，以及保健器械等，这些都是能够引发他们购买兴趣的产品。

从消费能力上看，老年消费者一般有不少积蓄，相比于中年和青年消费者来说没有负担，但是他们的消费观念也是比较谨慎的，而且由于时间充裕，对金钱也比较在意，很少有超前消费的概念，难免会货比三家，所以不适合快速交易。作为社群管理者，应该针对老年人普遍孤单失落的心理，打好感情牌，取得他们对你的信任，这样即便这笔生意做不成，下一笔生意也许就是你的了。也有些老年消费者习惯了节俭的生活，他们的消费欲望并不强烈，这就需要消费者抓住重点：找准他们需求的方向是第一位的，而不是如何说服他们购买消费意愿并不高的产品。

第二类，中年消费者。

中年消费者大多是有家庭的，也有稳定的职业，收入一般不会太低，通常也有一定的积蓄，不过他们消费起来也很谨慎，因为他们的主要目标是为自己和家人提高生活的品质，所以如果产品本身不能打动他们，他们可能会选择暂时观望。因为他们的心理比较成熟，个性表现也很稳定，不会像年轻人那样冲动消费，理智决策在他们的消费行为中起到主导作用。而且，他们上有父母需要赡养，下有儿女需要养育，所以生活压力还是比较大的，懂得量入为出，对产品的品牌并不是很敏感，而是更关注性价比，基本上任何产品的购买都在计划之内。当然，中年消费者也会被新型产品吸引，不过他们更关注的是新产品和老产品的实用性，如果只是花哨而缺乏实用性，就很难触动他们。

针对社群零售，社群管理者不要妄图去改变中年消费者的初衷，因为他们大多很有主见，所以还是要多站在他们的角度去考虑问题，在营销中凸显产品的性价比。不过中年消费者也有软肋，一个是他们的父母，另一个就是他们的子女，他们对父母的健康投入和对子女的成长和教育投入还是敢于消费的，这些都可以当成是营销中的"进攻重点"。

第三类，年轻消费者。

年轻人内心丰富而且敏锐，充满想象力，敢于创新，敢于突破传统观念和世俗偏见，能够接受新鲜事物，也是玩手机一族的主力。通常，他们大多未婚，能够紧跟时代，消费观念超前，有不少是月光族和卡奴，他们虽然也在意产品本身，但更在意的是品牌知名度，特别是他们身边人的消费偏好会影响他们的购买意愿，所以要学会引导他们朝着你销售的产品靠近。而且，他们喜欢得到肯定和赞许，甚至希望别人能够羡慕他们。所以，销售最好能够推荐给他们新产品或者具有流行元素的产品，这样就能很容易勾起他们的购买欲望，而他们通常对产品价格并不是非常敏感。

年轻消费者的经济来源可能不高，但是经济负担也较小，针对他们的产品范围十分广泛，无论是高档次的还是低档次的，都是他们的购买对象。随着消费观念的升级，他们对衣食住行的要求也很大，只要能够满足这些需求的产品都是他们关注的对象。年轻消费者的特点是比较果断，反应灵敏，不会过于犹豫，这也造成了缺点：容易冲动，往往未经思考就会出手，这是销售可以利用的弱点，但也不要为了利润刻意推荐对他们不适合的产品。

第四类，少年消费者。

通常是指十几岁的客户，现在一些青少年也有手机，偶尔也会网络购物，虽然占比很少，但也不能忽视他们，因为他们有成长为忠实客户的潜质。这类消费者介于儿童和成年人之间，正在从不成熟朝着成熟改变，他们喜欢和成年人比较，在意自己是否还是孩子气、是否像个大人，尤其是男孩子更在意自己是否成熟，而女孩子则更在意外表，所以可以从这些购买倾向去引导他们，让他们逐渐和社会主流的消费趋势并流。

虽然不同年龄段的消费者有不同的群体特征，但也不排除有特殊情况的发生，比如有的年轻人自律性很强，很会计划消费，那么就不能用单纯的鼓动策略诱导他们消费，因为这样只能引起他们的警觉甚至反感。同理，有些中年人因为单身，经济压力很小，也可能不顾一切地冲动消费，所以用品牌和新潮这些元素去吸引他们同样有效。总之，社群零售既要针对不同年龄段的总体特征，也不能忘记观察个体差异，这样制定的销售策略才更精准。

醒醒吧，一千种产品要有一千种销售策略

一千个读者就有一千个哈姆雷特，因为每个人的认知都有差别。

一千种产品要有一千种销售策略，因为每个产品可能卖给了不同的人。

一个社群的群主，每天都要和几十个上百个成员打交道，虽然只是在网络上，但网络本身也是现实的折射，这里面有性格张扬的人，有生性内敛的人，有平和亲切的人，也有冷若冰霜的人。如何与这么多不同的人打交道，就成为经营之道和生存之本了。下面，我们就来分析一下，我们会在社群中遇到哪些人，应该采取哪些不同的销售策略。

第一种，果断型客户。

这类客户比较容易应对，他们性格直率，说话简练，不喜欢绕圈子，介绍的越简短他们越喜欢。通常他们分为豪爽型和热血型两种。豪爽型客户非常直爽，有什么话会直接说出来，不会让别人费尽心力去揣摩，而且不论他们购买何种商品，打定主意之后往往不会犹豫，下单之后也不会后悔，即便产品出现了问题，他们也能欣

然接受走售后流程，不会找太多麻烦。热血型客户并不是性格多么直爽豁达，而是经常三分钟热度，别人说什么他们就信什么，几乎不会考虑自己是否真的需要，而且很少讲价，哪怕是真的后悔了也不会说出来，因为他们并不喜欢和别人发生冲突。

和果断型客户打交道，社群管理者只要把握住一条法则即可，那就是进行简明扼要的沟通，不要浪费彼此的时间，因为这是果断型客户最喜欢的交流方式。

第二种，沉默型客户。

他们出言谨慎，平时不太爱在群里发言，很难和他们开玩笑，但也不必担心对方说话唠叨，因为他们更愿意听别人讲话，然而正是这样，你才缺少了解他们心思的机会，因为他们把表达的时间都让给了你。

面对寡言型客户，社群管理者应该注意两个问题：第一，不论对方多么冷淡，都要始终保持耐性，化解对方心中的"冰山"；第二，掌控自己的情绪，不要因为对方冷漠就急于追问对方到底下不下单，这样只会事与愿违。

第三种，找茬型客户。

他们很像是家庭中叛逆的小孩，会对父母和老师的话提出质疑，且不会轻易屈从。然而事实上，叛逆的孩子更容易管教，因为他们已经明确提出了要求，只要你能满足，他们基本上就会心服口服。从这个角度看，挑剔型客户并不可怕，因为他们明确提出了要求，同时又是在变相地帮助你完善产品。

应对找茬型客户，首先要弄清对方因为什么而找茬，可能是某种需求得不到满足，也可能是存在着过高的期望，总之应当认真倾听并冷静分析，然后再通过心平气和的讨论商量解决方案。有时候，对方可能因为过于挑剔而对产品有了某种主观上的认知偏差，这时不要急于去作解释，而是给予他们充分了解产品细节的机会，然后再向客户解答他们心中的疑惑。

第四种，精明型客户。

这一类人工作认真，处事谨慎，善于把握细节问题，在和他们沟通时必须小心翼翼，否则暴露出缺点之后会被他们嫌弃，影响自己的形象。而且，这一类客户十分讨厌被欺骗，即使是善意的谎言也不行。

面对精明型客户，最好的应对方式就是真诚。归根到底，群主和群成员关系的亲疏，主要还是受到沟通效果的影响，造成这个效果的因素就是社群管理者和客户沟通时是否具有感染力：感染力越强，对方越容易动情，越容易和你产生亲近感，越能提高成交率。所以，必须要不断和客户进行深入的交流，把对方当成朋友，这样才能促使客户说出真实的诉求，然后为他们答疑解惑，推荐最合适的产品和服务。

第五种，傲慢型客户。

他们不仅缺少礼貌，而且独断专行、自我意识极其强烈，很难被人说服，导致成交率不高，是很多社群里最令人头疼的一类客户。

虽然接待傲慢型客户有一定的难度，但是如果仔细分析一下会发现，其实他们想要的东西并不复杂，最核心的就是自尊感。自尊感是人们基于自我评价产生的一种自重、自爱同时要求得到他人、集体社会尊重的情感体验。所以，应对傲慢型客户最好是保持谦虚谨慎的态度，每说一句话都要考虑再三，不要谈论客户本人如何，以此来换取对方的信任，当信任感建立之后，一切就好谈了。此外，还可以在某些方面展示出不足，比如在审美品位上可以故意输给对方，但是在专业领域一定不能认输，因为这会让对方怀疑你的能力。

第六种，冲动型客户。

这一类客户说话速度快，动作也非常敏捷，如果你在介绍产品的过程中稍微慢了一步，就可能引起对方的不满。根据心理学家的分析，这类客户做事不拘小节，喜欢简单直白的沟通方式，不太喜欢动脑子，也不会强迫自己做不喜欢的事情，有时候很容易得罪人还不自知。

应付冲动型客户，应当吃透"花钱买快乐"的具体含义：客户买产品不仅仅是为了满足工作或者生活中的某些现实需求，还可能是为了满足某种心理需求，比如虚荣心，所以要卖给客户让其开心的东西。要做到善解人意，学会换位思考，时时处处让客户笑口常开。换个角度看，客户如果在和你的交流中收获一份好心情，自然会对你产生良好的印象。

以上只是列举了常见的六种客户类型，然而世界上有几十亿人，对应的性格是五花八门的，虽然线上营销不用见面，但心理博弈和线下营销没什么两样，特别是在社群这种人员密集的地方，如果在沟通上出了问题，影响的就是群主的个人IP和社群的口碑，负面影响会大到让你无法想象，所以才要学会丰富多样的沟通技巧和营销策略。

客户挽留：想想那些年怎么和前任复合的

"如何优雅地和前任复合？"这是最常见的情感话题，不少人都会用自己擅长的本领挽回对方，看似是人际交往问题，其实是营销问题：你通过语言和行为营销了自己的优点，前任才可能好马吃起了回头草。

既然爱情可以看成是营销，那营销中也应该掺入一点感情。谁能用心把客户挽留住，谁就能获得更大的市场。

美国奥新顿公司曾经总结出一条奥新顿法则："照顾好你的顾客，照顾好你的职工，那么市场就对你倍加照顾。"简单解读一下，奥新顿法则的核心有四条：第一，商战获胜的关键是抓住客户的心；第二，优质的产品、服务和公关等于成功；第三，和客户沟通的前提是有效的宣传；第四，只有用爱和真诚才能吸引客户。

奥新顿法则在生意场上得到了广泛的应用，让很多商业人士都认识到抓取客户之心的重要性，不过这只是奥新顿法则的初级应用，更深层的理解是应当照顾好客户的心。打个比方，你用自身的魅力吸引了一个女孩和你交往，这只是第一步，第二步是如何让她对你产生安全感和依赖感，懂得照顾她的心情，让她产生能够托付终生的想法。

如今是消费升级、体验为王的时代，消费者和过去相比，更多在意的是产品的体验舒适度而非性价比，所以不少消费者是很挑剔的，加之大部分市场都是买方市场，消费者有充分的选择自主权，稍微精明老练一点的都会货比三家。相对而言，社群营销虽然是新生事物，可如今也被越来越多的人看重，导致大家都在玩这种模式，产品又差不多，同质化严重，唯一有效的方法就是留住客户的心。

现在消费者购买一件产品已经不再局限于产品本身，而是产品附带提供的服务，这些服务是否足够人性化，将决定他们的购买欲望是否强烈，以及对该品牌的忠诚度是否持久。因为越是贴心的、人性化的服务，越是能让客户和社群产生情感共鸣，从而形成竞争优势。

照顾客户的心原本不是一件难事，只是很多社群管理者被利益蒙蔽了双眼，急功近利，对待客户抱着杀鸡取卵的态度，能哄骗就不手软，能强卖就不犹豫，结果只能是满足了短期的利益需求，却无法让客户真正与之产生深度的连接。因此，社群想做长线生意，想要维系住老客户，就不仅要学习如何卖东西，还要学习一些关键的营销语言也至关重要，它们可以在第一时间内打动客户，让他们不由自主地想要了解你推荐的产品。

第一，"限量特卖"。

现在网上到处都是社群，你有的别人也有，那么凭什么要进你的群、买你的东西呢？这时候我们不得不玩一点策略，告诉大家你的群里有"限量特卖"。其实，大多数人都有叛逆心理，也许一开始只想购买一款大众产品，但是在听了"限量"以后就会产生"尝鲜"的想法，毕竟人人都不想成为别人的复制品，对于这种特供型的产品或者服务是没有抵抗力的。而且"限量特卖"也暗示着产量不高，错过了可能就没了，这足以让客户不敢浪费时间。当然，所谓"限量特卖"不过是一个噱头，你未必真的能搞限量，但可以在宣传上、包装上、售后上作出差异化，让大家觉得确实和别家不一样。

第二，"我敢保证"。

有些产品是消耗型的，不管好用与否都会很快使用殆尽，然而也有些产品是耐用型的，可以陪伴消费者多年，所以对于这一类产品，周到可靠的售后服务就非常必要，这也成为不少人网购时的"心病"：买到家里坏了怎么办？过了保修期怎么办？本来就是在网上的社群里，不像面对面那样真实可信，所以群主一定要在适当的时候说出"我敢保证"这样的话，打消用户的顾虑，让他们快速作出决定。

第三，"易上手"。

任何产品都是用来服务于人的，如果操作起来过于麻烦，大多数人都会望而却步，特别是对于一些融入了现代科技的产品，对那些年纪较大的消费者来说会产生"恐惧感"，如果这时候群主能用"易上手"作担保，就能让用户的注意力被瞬间吸引，当他们意识到自己能轻松搞定该款产品时，想要占有它的冲动就会越发强烈。所以，社群推销产品的时候，一定要用一段话、一张图或者十几秒的视频就把产品介绍清楚。

第四，"和某某相比"。

从职业道德上讲，商家不该贬低友商的产品，但这并不意味着不能进行比较，只是这种比较要突出产品的优势，不必直白地指出竞品的劣势，因为客户也会听弦外之音，当你对两款同类产品比较了一个或者几个主要方面之后，客户会在你的引导下对你推荐的产品具有倾向性。要知道，很多人同时加入几个社群，面对的是同类却不同品牌的产品，你不挑明了说自己的产品有哪些优势，别的社群可能就帮你挑明了，与其被动挨打，不如主动出击。

第五，"全场最佳"。

听起来这是一句自吹自擂的话，其实并非如此，社群向大家传递的"全场最佳"并非是超越了同类产品的自夸，而是基于对产品的某个特点给出的真实评价。对于消费者来说，拥有一款亮点十足的产品也是一种享受，同时还意味着该产品物有所值，不会花冤枉钱，所以群主在介绍产品时客观地抓住一个卖点进行营销，也是能快速抓取客户的手段。

既然是做社群，那就尽量避免在群主和群友之间搭建交易关系，而是多走情感路线，毕竟钱在消费者的手里，想要让他们心甘情愿地掏钱，就必须本着攻心为上的原则，只有让大家首先认同你的产品和服务，人们才愿意被你"宰割"。

消费黏着度：营销故事越多越好

成功的营销是讲一个好故事。

你知道20世纪最成功的营销是什么吗？钻石，而推动它的就是一个故事符号："钻石恒久远，一颗永流传。"虽然没有具体人物和故事情节，可一听这句话，眼前就会浮现出一对手牵着手、即将走进婚姻殿堂的恋人，这不就是代表着忠贞不渝的爱情故事吗？

在国外，故事营销有专门的名词，叫"storytelling"，直译过来就是讲故事。当然，这和我们说的内容营销同属一个范畴，对于社群零售来说也有着积极的借鉴作用。社群的行为最像什么？是一群陌生的人围坐在一起，这时最好的调剂就是讲故事。讲故事，能够把产品以艺术化的形式展现出来，能够激发社群成员关注它的兴趣，从而在品牌和用户之间搭建一座桥梁。

那么，讲好一个故事应该注意哪些问题呢？

第一，讲什么类型的故事。

营销故事大体上分为两种，一种是创业故事，另一种是顾客故事。创业故事就是公司如何创立的，品牌如何一步步发展起来，当然重点是这个过程中发生了哪些让人难以忘记的事情。

2014年9月，阿里巴巴上市之际，在网上流出了"马云的名片"这个故事，让大家知道在阿里巴巴出现之前，马云的头衔不过是杭州一个无名小公司的市场部主管，那么对比他今天的成就，这个故事就充满了激动人心的意义。

顾客故事，就是顾客和该品牌之间发生的事情，可能是从一个尴尬的误会开始，但一定是以一个美丽的结局来收尾。那么在社群里，针对垂直人群，选择顾客故事比较适合，特别是发生在社群里的真人真事。

百达翡丽曾经用广告影片的形式，讲述了一块手表成为父子之间情感纽带的故事，表达出了"代代相传"的寓意，这就是把视角放在了用户身上，很让人感同身受，同时也能和品牌文化相结合。

第二，讲什么主题的故事。

一个好故事必须有一个好主题，深刻且有正能量，才能传播得更广、流传得更久，特别是在病毒式营销的时候，好的主题能够引发爆点，其影响力是不可估量的。

1. 励志类

励志类主题的故事有积极的引导作用，对于年轻的消费群体来说很有触动作用，也能够不避嫌地登上各类平台，而且它可以直接和品牌的创业故事挂钩，用创始人的经历去激励更多的人，容易形成精神上的连接，如果讲得足够精彩，还能增强用户和品牌的黏着度，把普通用户升级为死忠粉。

2. 亲情类

亲情类主题的故事永远有市场，因为人活着离不开家庭，离不开情感，它最大的作用就是能够直接刺激用户的消费热情，比如给辛苦工作的家人买点什么，给正在成长的孩子买点什么。注意，这类故事一定要讲得合情合理，千万不能强行煽情，因为一旦用户没有领悟你表达的泪点，他们就会把这个故事当成营销手段拙劣的软广告。

3. 哲理类

虽然当下人们喜欢深度思考的不多了，但这并不代表有哲学意味的故事不受欢迎，尤其是针对一些高知背景的产品，一个引人深思的故事更能形成话题，而有了话题就有了热度，特别是在社群中就可以当成反复炒作的切入点。

4. 爱情类

虽然现在单身一族越来越多，可这并不影响人们向往爱情、追求爱情，所以把故事和爱相结合，就能触动年轻消费者特别是女性消费者最柔弱和敏感的神经，甚至演变成为冲动型消费，而这最容易产生营销的爆点和高潮。

第三，怎样讲好一个故事。

选定了故事类型，选好了故事主题，那么接下来就是如何去讲一个故事，概括起来就是越形象越具体越好，因为这样才能触动人心，才能引起消费者的思考，也更容易被人记住。想想看，为什么那么多公司喜欢用动物来命名或者作为品牌形象呢？天猫、京东（狗）、蚂蚁金服、途牛……因为具体才容易被记住，也更让人感到亲切。

国外曾经做过一个关于"形象化"的实验，研究人员找了两组受试者，分别给他们看不同的募捐信，然后让他们捐款。第一封募捐信主要在描述非洲的整体情况："马拉维的食物短缺问题波及300多万名儿童；安哥拉共有400万国民（相当于全国人口总数的1/3）被迫背井离乡；埃塞俄比亚至少有1100万人迫切需要粮食援助……"相比之下，第二封募捐信就非常简单了，只提到了一个受灾的小女孩："您的全部捐款将转交给罗基娅——非洲马里的一个7岁小女孩。罗基娅极度贫困，正面临严重饥饿，并有饿死之虞。您的倾囊相助将会改善她的生活……"

相信大家都能猜到结果了，第二封募捐信感染了更多的人，人们纷纷倾囊相助，因为那个叫罗基娅的小女孩，因为她的故事，让人为之动容。

第四，选择什么样的故事人物。

不管你讲的是创业者还是顾客，这个人一定要有血有肉，不能只是一个"男顾客"或"女老板"，而应该是一个"想要给女儿买生日礼物的单亲爸爸"，或者一个"原生家庭不幸的女强人"，这样才能让人对他们产生同情、欣赏、敬佩，抑或憎恨和厌恶。那种工具人、纸片人的人物设定，就算放在精彩的故事桥段里也不会让人记住，因此一定要抓住他们身上的个性。

第五，选择什么冲突类型的故事。

不同的故事当然可以有不同的矛盾冲突，这个不需要定死，但从一般意义上讲，最常见的是"成长与创业中的坚持和特立独行"。因为如果是创业故事，必定会有一个从小到大发展的艰难历程，所以能否坚持下来就显得有励志意义，而要展现出创业者身上的人格魅力，就要突出特立独行和世俗社会的冲突。同样，就算是顾客故事，也能涉及到销售的坚持推销和独特的营销手段，或者是顾客本身极富个性。所以，抓住这一对矛盾就等于掌握了一个万金油的戏剧冲突，会让你屡试不爽。

世界上没有人愿意听大道理，这和人的学历、审美、地位没有关系。在纸媒时代，受众广泛的《知音》和《故事会》就是因为讲的都是脍炙人口的故事，如今网络上的小段子也是同样深受欢迎。那种依靠硬广告的营销方式已经不能再打动阅历丰富的用户了，而一些老套路的软广也会一眼让人识破，那么故事就是守住营销阵地的最后一件利器。

选对场景，社群才能"爆"到最大

营销界是最爱"闹革命"的了，每隔一段时间都得掀起一波新浪潮，从概念营销到饥饿营销再到情感营销，各种套路层出不穷，而如今人们最爱聊的一个新套路就是场景营销了。

现在很多企业不再是以产品制造为中心了，而是以客户运营为中心，而社群零售本质上就是客户运营。当然，谁都知道洞察客户需求是重中之重，但问题在于怎样去洞悉。最简单的办法，就是先锁定用户的使用场景。

一杯拿铁咖啡、一个靠背沙发、一个iPad，这就是很多人使用平板电脑的场景，那么你能从中发现什么呢？平板必须能够单手操作，这样方便用户边喝咖啡边浏览，平板的可视角度要大，因为用户可能是瘫在沙发上看……你看，平板电脑该有的功能，其实不是凭空想出来的，而是和所在场景直接关联的。

当你能够还原一个精准的应用场景时，才能清晰地捕捉到用户的实际需求。同样，你的这种思路也能帮你运营好一个社群，因为群成员能够发现你是考虑到他们实际需求的，你的产品更加人性化。从这个角度看，场景就是社群成长变现的入口。

准确地还原场景，不仅需要生活阅历，也需要想象力，二者缺一不可。生活阅历是你的直接体验，它能真实地反应出一个场景，折射出用户的需求。但是，你不可能对每个产品都有使用的经验，比如孕妇装对男性，比如剃须刀对女性，这就需要你借助想象力去完成，当然，如果你觉得想象力有限或者存在风险，也可以通过咨询身边的人去获得，总之，你还原给用户的场景要真实可信。

关注用户的生活，就要进入用户的生活，熟悉用户的场景，才是驱动产品诞生和改进的动力。比尔·盖茨是一个左撇子，所以他才能在windows系统中加入鼠标左右键互换的功能，如果你既不是左撇子又没有考虑到这个人群，你设计的操作系统就会被认定不够人性化，这都是缺乏场景造成的。

最理想的社群营销模式，就是一个有影响力的品牌和一个结构完整的社群，再加上一个还原度高的场景，才能卖货卖得飞起，否则每天发再多的营销信息，别人连看都不会看。当然，有人觉得：我要是有个LV的独家代理还用得着这么费力吗？这也是实话，但是对大多数社群管理者来说，社群结构和场景还原才是靠自己能完成的。

一个缺乏场景的社群，就像是只有概念的口头设计，用户别说看实物了，连图纸都看不到，就算你在群里安插了几十个意见领袖也没法刺激用户的消费欲望。说得再具体一点，用户只愿意给特定场景的解决方案买单。打个比方，一个宝妈或者宝爸，总担心孩子触碰到电源插座，而普通的插座保护盖有可能被孩子抠下来，那么你要是设计出一个孩子抠不下来大人一抠就掉的保护盖，那就是帮助用户解决了特定场景遇到的问题。这时候，你再发动意见领袖和大家讨论带孩子的安全知识和经验分享，人家才愿意讨论，因为你有能力为他们搞定麻烦，这样的品牌才有信服力。

场景还原，不仅能体现出品牌的人性化和社群的亲民性，还能够反应出一个人的身份和气质，能够看出其兴趣所在。想想看，为什么那些夹着苹果电脑的商务人士，扎堆地去星巴克喝咖啡呢？一是因为那里的服务规范，无论是跟同事还是客户，都有面子不会出尴尬；二是因为那里的环境优雅，适合思考和交流，独处的时候还可以安心地办公。那么，如果反向推导一下，一个经常喜欢逛星巴克的人会对什么产品感兴趣呢？高端得体的定制服装、轻薄续航强大的商务笔记本电脑、象征着身份和地位的手表、一支有品牌故事的钢笔……你看，如果你在社群里发现有这么一帮喜欢光顾星巴克的人，是不是就能从场景中推算出什么产品适合他们了呢？

同样，我们也能从一个人的行为方式去推算出他们喜欢何种社群场景，比如一个爱说爱笑的人，他们可能喜欢接龙的社群游戏，喜欢抢红包，那么如果这一类人就是你的目标客户，你就可以为他们打造充满这种热闹气氛的社群。在对等氛围的影响下，你再推荐一些潮流的产品时，就容易俘获对方的心。

只有场景，才能真正赋予产品最真实的意义。

社群场景最终还是要作用于人的身上，因此每一个社群的管理者都必须以人为本，让他们和场景关联，而不是和产品关联，前者是营销，后者是推销。试想一下，让一套厨具进入一个数码爱好者的社群是不是很尴尬呢？可如果进入一个家庭主妇的社群，那它就能成为话题中心。与其绞尽脑汁想怎么跟成员聊天，不如还原给他们一个熟悉亲切的场景，这样话题自然就有了，需求也就有了。

场景不仅是一个空间概念，还是一个时间概念。很多优质的社群，会在每天早上八点和晚上睡觉之前讨论话题。为什么呢？因为早上八点，很多人在上班的路上，有自驾的，有乘班车的，也有乘坐公共交通的，多数人有时间参与讨论，这个时间段注意力比较集中，容易引发思考，也是一个人容易制订计划、做出决定的时刻，所以进行社群营销往往会有意外收获。另外，临睡前是一个人一天最放松的时刻，因为释放了压力，周围环境也比较安静，容易思考和谈心，所以这时候分享信息会获得较高的互动，这样的场景才能把社群真正盘活。

无论是应用场景还是现实场景，它们都和用户有关，也是属于社群的场景，能够催化加强关系，解决信任问题，形成商业闭环和变现，正所谓"无场景，不社群"。如果你的社群活跃度不高，转化率不够，不如反思一下，是不是缺了一个场景呢？

舆情控制，唯快不破

有人的地方就有是非，在一个社群只有寥寥几人的时候，不会有危机，在一个社群处于前期宣传阶段，也不会有危机，可如果社群的人增加了，群主和群成员产生了交易关系，那就容易发生纠纷了。别小看这些纠纷，通过互联网的发酵，原本就是几块钱的事儿也可能变成了有预谋的欺诈。所以，把负面舆论控制到最小，这是一个社群管理者必须掌握的技能。

一般来说，出现危机的主要原因还是准备不足，没有考虑到社群的基本情况，没有对群成员进行深入的了解，对提供的产品或者服务也是认识不够，所以会造成纠纷，因此最好的舆情控制手段就是不发生舆情，这听起来像是句废话，但也是实话。不过，要是危机已经发生了，也别发愁，我们就来盘点一下有哪些常见的应对手段。

第一，"我那里只要XX钱！"

这是很典型的恶意竞争行为，说这种话的人除了极少数是真的没脑子以外，大部分人都是心怀鬼胎，也就是说你的社群已经被同行盯上了，而且对方正在对你采取不光彩的竞争手段。不过别慌，一定要先冷静下来，因为价格永远是一个敏感话题，当有人说出比你更便宜的话时，大部分群友都会盯着你，看你作出怎样的回应，如果回应不当就坐实了你的价格高，这时不妨从三个方面作出解释。

1．"我的确知道有同样的产品价格比我更低，但是这种便宜的进货渠道我是不敢尝试的，因为在我看来质量第一，群友们的健康第一。"意思是价格低就有买到假货的风险，谁要是不在乎谁就去当小白鼠。

2．"有比我更便宜的社群是事实，不过现在群里的这些都是我的老客户，他们也知道有更便宜的，但是因为相信我所以很少去其他地方，为的就是放心。"意思是不止你一个人知道有价格低的，其他人也知道，但是人家不在乎。

3．"在我眼里，质量永远是第一位的，如果是关于质量问题的意见，我都会无条件退换。"意思是价格的事情我们就不谈了，谁要是贪图便宜而忽视质量，就去别的地方买吧。

为了避免同行搅局的事情发生，社群管理者可以在平时多塑造个人IP和社群口碑，多谈质量，少提价格，这样大家的注意力就不会总是放在哪里更贵、哪里更便宜上了。还有一点就是，拉人进群的时候别老想着钱，做好筛选，多看看对方的朋友圈，用直觉也好，用经验也好，减少同行被拉进来的概率。

第二，"这个群主在套路我们。"

"妄议群主"这种事还真不少见，至于为什么会有这样的言论发出，排除你真的在套路群友们之外，无外乎是两种原因：一个是有意捣乱，另一个就是交易的体验感差。有意捣乱可能是竞争对手派来的，也可能是受到群里其他人的挑唆，总之无论哪种情况都很难说服教育，最简单粗暴的办法就是直接请出去，千万不要想着以理服人或者以德服人，因为对方已经先入为主地认为你有套路，你的解释只会越描越黑，而且如果是私聊反而更像是在私了，如果在群里公开说又会扩大负面影响，所以只能踢出去。

如果只是交易的过程中存在误会，让对方有了糟糕的购物体验，那么可以公开在群里表达出歉意并给予一定的补偿，比如红包、优惠折扣等。除此之外，还要有相应的公关话术，比如："我们大家认识这么久了，我是什么样的人相信各位都有目共睹，承蒙大家一直捧场，我才有了今天，以后我会多了解大家的实际需求，强化消费体验感，用实际行动证明。"相信听了这番话，心存芥蒂的群友大多都能被化解开。

不过做到这一步还没有结束，为了避免以后发生类似的情况，可以专门成立一个反馈群，这样做的好处有两个：一个是让群友感觉到你在真心解决问题，另一个是缩小负面舆论的发酵范围，让没有购物的或者没有遇到问题的人不知道发生过什么。

第三，"这个奖品太次了！"

现在有不少社群做抽奖活动，因为成本控制的需要，奖品当然不会很上档次，但是一些比较挑剔的人会觉得奖品不满意，于是就会在群里吐槽，遇到这种情况，最好这样回复："实在抱歉，奖品可能确实存在瑕疵，我帮你换一个。"更换奖品，并不是真的要多花多少钱买个大件，而是要换那种小巧精致，至少看起来有档次的，再加上精美的包装，基本上就能安抚客户受伤的小心灵了。

这种情况的处理措施是，下次客户领到奖品之后要主动及时地沟通，一旦发现对方不满意就尽早更换，不要让这种负面情绪散播到群里。

第四，"你有病啊？""你有药吗？"

人多了，沟通就多了，吵架拌嘴在所难免。作为群主，不能因为怕惹麻烦而"装死"，必须积极地解决问题，否则一个吵架的社群会直接影响大家的体验感，特别是爆粗口之后，社群积攒的口碑也会受到严重影响。遇到这种情况，首先要作出正确的判断。

1. 双方只是观点不合。这种情况就同时安抚，比如"两位说的都挺有道理的，说这么长时间也累了，下面有请XX唱首歌！"这样一来，总会有愿意劝架的过来帮腔，事情也就过去了。

2. 双方已经在人身攻击。这种情况要及时调和，比如"大家都是群友，不要因为一点小事伤了和气，今天的'奇葩说'直播就到此结束吧。"如果双方仍然有吵架的意思，那就先弄出社群，然后对其他群友解释："因为两位情绪仍然比较激动，暂时被隔离出去，改天再把他们请回来。"这样的处理方式，大家也能理解。

为了预防群中斗嘴的事情发生，大社群的管理员就要发挥调解作用，如果是小社群，群主不妨用小号在关键时刻出手相劝，也等于加强了社群管理层的力量。

以上是比较常见的四种危机，除此之外还有打广告、讲低俗段子、谈论敏感话题等，其实解决的思路都是差不多的，用良言去化解恶语并寻求其他群成员的支持，如果实在感化不动，那就只能采取技术手段关进小黑屋了。

Part 6

LBS实现社群自动化运行

用户打卡：到店签到的转化潜力

商圈启示录：聊聊门店的"地缘政治"

用户召之即来，自动聚集有妙用

物理距离和话题热度成正比

网格化：谁的用户谁领走

开门送温暖：细数社区推广的小策略

用户打卡：到店签到的转化潜力

要是问实体店的老板们：你最恨的是谁？估计十有八九是开网店的。

网络购物的出现，的确对实体店造成了不小的冲击，但是新零售的出现却又告诉大家线上和线下相结合才是双赢。同理，作为网络营销的社群零售，也不过是一种销售手段，并非只局限于线上，它要解决的核心问题是：如何把陌生人变成朋友，然后再变成用户。

如何缩短这个转化过程呢？我们可以通过社群内的话题讨论和集体活动去强化，但这仍然需要时间，因为线上存在着天然的距离感：我看不到你，也无法直接看到你的产品，想要克服这个障碍是需要下功夫的，而唯一的捷径就是通过线下，这就涉及到一个关键词——LBS。

LBS的英文全称是"Location Based Services"，翻译过来就是

基于位置的服务，它是借助定位技术获取定位设备当前所在位置，然后凭借移动互联网向定位设备提供信息资源和基础的服务。形象地解释一下，就是你在撒哈拉大沙漠里口渴了，商家定位了你的位置，然后空投给你一瓶清凉的农夫山泉，这就是LBS。

对于一些社群的管理者来说，LBS似乎和自己没什么关系，这好像是线下营销该做的，我们只是在网上卖卖东西嘛！要是这么想就错了，LBS只是一种应用手段，和线上还是线下没有必然关系。事实上，社群零售为用户提供LBS服务是一种时代的必然，因为用户的消费需求在升级，而利用LBS就是从线上转移到线下，延长服务半径，增加社群零售的竞争优势。

一个社群只是在网上卖卖萌带带货，这已经是传统打法了，只有利用线下的门店帮助你完成LBS服务，才能巩固和用户的关系，才能帮助门店拓宽在网络上的推广范围。

新零售为什么被认为是有前途的，是因为它十分看重"场景"，而场景、IP又是社群构成的关键要素，所以通过社群提供LBS，就是把用户从线上定位到线下，让他们知道你的产品就在他们身边，而最常见的打法就是到店签到。

到店签到，就是鼓励用户去他们方便到达的门店签到，然后获得一些小礼品或者优惠券之类的东西，强化和用户的线下关系，这样做有四点好处。

第一，增强用户的粘性。

既然选择了和线下结合，那么在筛选社群成员的时候只能是同城，听起来好像是范围缩小了，但是筛选效率却提高了，因为同城到店签到具备可行性，他们的购物倾向往往会更突出，那么如果社群和实体店建立了关系，开展到店签到的活动，偶尔推出一些小赠品或者大额度的优惠活动，很多人都会忍不住去参加，一来二去，就和社群的交互关系增强了。相反，如果是来自全国各地的社群成员，他们加入社群可能是被动的，也可能是图一时好玩，消费意愿往往很难确定。

第二，节约营销成本。

做社群，很多人担心自己手头没有多少资金，搞小规模的活动尚且吃力，更不要说做大型的推广活动了，因为这涉及到了场地、宣传物料、组织人员以及其他各项支出。缺少活动的社群是不完整的社群，难以形成竞争优势，但是依托实体店就不同了，它自带了场地、宣传物料和组织人员，社群需要投入的成本并不高昂。这样一来，有活动就号召大家去门店签到加体验，然后通过社群集中反馈，这就形成了营销闭环，不必担心用户被其他社群抢走。同样，这也是在为实体店扩大用户群体。

第三，服务前置。

社群零售，只能是信息前置，让用户提前获知有关产品的信息以及背后的故事，这是和实体店相比的优势，但存在的劣势是服务相对滞后，这也成为了一些人对网购有排斥心理的病根。那么，到店签到就是在消除用户的这个顾虑，依托门店让服务前置，给用户吃一颗定心丸：我们有门店有技术有客服，产品有问题随时来找我们。这样一来，就能顺利地把吸引过来的潜在客户成功截流，不给他们再去别处看看的借口。

第四，深化用户思维。

现在大谈特谈的用户思维，其实不针对线上或者线下，它只是一个更针对消费者心理的营销手段。不过很多传统的实体店确实离用户思维很远，他们依靠着优势的地段想要获客，结果并不理想，反而要支付高昂的租金和其他宣传成本，这是因为现在很多用户是得到信息之后再去购物，而不会是先去优质地段消费，即使去了也会和网上的价格做对比再考虑是否购买。同理，线上营销也有照顾不到用户感受的时候，比如堆了一些枯燥的数据和几张修得夸张的官图给用户看，丝毫没有感知性，弄得用户不敢下手，生怕落差太大。那么，当社群和门店相结合的时候，就能让用户先获取到信息，再去门店体验，满足了他们的消费需求，也增强了实体店的成交率和复购率，打破了传统的卖货思维。

说了这么多，可能有人觉得，一旦和实体店合作，自己手里的客户是否会被抢走呢？其实，这里有一个误区：在你充分发挥到店签到威力之前，你手里的只是社群成员而非客户，因为他们和社群之间还没有发生交易关系，最终交易的完成也有实体店的功劳，这是双方合作的结果，如果你不选择合作也就没有这些客户，所以谈不上抢走或者失去。

社群不必担心线下会抢走自己的资源，因为社群的本质是社交，你的群友们是因为你的社群具有IP一样的吸引力才被留了下来，才有了后面的到店签到，实体店单纯通过交易接触是很难把他们抢走的，这样做最多也只能满足短期利益，其结果是收割一波用户之后就没了后续。作为社群管理者，最应该考虑的是如何让社群成员享受到LBS，感受到和产品的真实距离，这才是社群零售的魅力所在。

很多人都在谈社群自动化，可现实的情况是，线上获取流量的成本也越来越高，那种指望着广泛发帖、频繁拉人就能获客的想法该打住了，既然流量的获取成本高，那么转换一下思路，借助线下资源帮助流量低成本的裂变，同时推广LBS留住客户，这才是明智之举。

以上谈的是个人社群和线下门店的关系，如果是企业社群，本身就有一定规模的门店，那么采取到店签到的模式就更是势在必行了。因为从实体店经营的角度看，获得线下流量的成本同样很高，优质地段都不能满足这个需求，更何况地段不够优质、推广能力有限了，所以合理地借助社群获得一部分线上流量，把实体店的地理位置和用户共享，快速地满足他们的购物需求，也是弥补自身不足的有效手段。

时代在发展，手段在变化，只要进入营销层面，就没有绝对的对错之分，也不存在天然的对立关系，我们要做的不过是融合，让优势无限放大，让劣势无限缩小，这才能适应用户，只有你满足了他们，他们才有可能回报你。

商圈启示录：聊聊门店的"地缘政治"

没有门店的社群不是好商家。

在越来越多的人认同社群和实体店双管齐下以后，那些做社群的朋友还真要关注一下未来的门店要开在哪里呢？当然，如果你还是想死守线上不下场，请跳过这一节。

门店是商品销售的匹配场所，它的环境会直接关系到客户的体验感，所以选择一个合适的店面是经营品牌必不可少的环节，也是社群实现LBS的地理条件。不夸张地讲，门店的地理位置就像是国际关系中的地缘政治一样，你在哪里、挨着谁、谁可能从你门口经过，都能决定你的业态环境。

店面本身的格局和装修，这个没办法泛泛而谈，因为每一类产品对应的风格是不一样的，客户的审美也不一样，所以我们还是回到"地缘政治"这个话题上。不解释也都懂，地理位置决定着客流量和未来的发展。试想一下，如果一个门店的销售，只是个人能力突出，每天又能卖出去多少商品呢？而且，客流量不仅意味着客人的数量，还包含着客人的消费能力，这些都会关系到店面的经济效益和未来发展。

一方面，选择有利地段。

终端销售行业中有一句名言：开零售店最主要的因素就是位置。应该说，当你选择了一个特定的城市，这个城市就会存在特定的商圈，这是你事先需要考虑到的，不管你销售的是哪一类产品，比如会有一个最佳的选址商圈，通常也是唯一的。那么，在选择地段的过程中，你要考虑寻找人气较旺的商圈，当然价格肯定不菲，那也可以退而求其次，选择地域合理的地段，比如毗邻年轻消费群体、学校或者居民区等，如果你很有眼光又不想多花钱，那也可以选择购买力较大的潜在房地产商圈，让你在租赁或者购买的时候能节约不少资金，而一旦后期发展起来就能方便地提供LBS，减少物流成本。

另一方面，选择匹配的外部环境。

当你决定在某个地段开店之后，接下来的问题就是选择什么样的外部环境，这个环境可以是卖场，也可以是社区。以卖场为例，看着都是人气兴旺，大同小异，但针对不同的品牌和产品可能有着截然相反的影响。至于如何选择，这就需要你认真分析竞品店面的情况，是否和你的产品存在着对标，如果对方实力强大，那么这种对标可能对你不利，所以不如合理避让。另外，外部环境自身的结构也很重要。以卖场为例，如果家纺产品非常多，但目标客户数量却跟不上，如果你也卖同类产品那可能面临着很大压力，不如选择结构更为均衡的卖场。如果是社区，就得看社区毗邻哪些地方，是幼儿园还是敬老院，是主干街道还是休闲公园，这些都决定了主流客户的活动范围，为LBS创造条件。

在你敲定一个合适的外部环境以后，接下来就是具体的店面选址了，我们可以从四个方面进行分析。

第一，交通状况。

交通条件往往是影响店面盈利情况的重要因素，因为它直接关系到消费者的购买行为是否能够顺利实现。站在企业自身的角度看，主要考虑的是商品运送过来是否便利，是否可以停靠大型的运输车辆，包括如何装货、卸货等，如果条件不利可能会增加运输成本，当然，如果你经营的是小商品，这个问题就不会太严重。

如果站在客户的角度看，店面周围的公交车站是否足够多、停车场是否够大，这些都影响着客流量的大小以及客户的购买意愿，比如一些较大的产品，如果卖家不提供送货服务，那么顾客的私家车停靠不便，自然也会降低购买意愿。

除了硬件条件之外，店面附近的交通管理状况也不容忽视，比如是否有单行线或者禁止车辆通行的街道等，都会影响客流和同城快速发货。

第二，客流量。

客流量是店面选址是否正确的主要依据，对客流量的分析不能依靠想象，也不能依靠感性的观察，而是需要有详尽的数字报告。需要注意的是，进行客流量分析时既要分析每小时或者每隔半小时的流量，也要对这些客流的有效性进行分析，也就是他们是否会产生消费行为，还是只是过来闲逛。在进行抽样调查时，有时候会因为季节的变化和交通路况的原因受到一些影响，让数据变得不太具有客观性，那么这些因素也都要考虑进去，才能综合分析出一个相对准确的评估结果。

第三，店面成本。

店面成本通常包括很多内容，对于卖家而言主要考虑的是建筑物的新旧程度和装修成本、房地产价格、水电增容费等问题。另外，是否有良好的城建规划也十分重要，比如水电、下水道和暖气等，这些都决定了客户的购买体验，也决定店面以后是否能够升值。基于这些现状，卖家是选择租赁还是购买就非常重要，如果是拥有产权，前期投入很大，但后期不会受到房地产涨价的影响，不过这对一些经济能力匮乏的卖家也是很难承受的。

第四，未来发展。

发展趋势主要是判断城市未来的规划以及所处地段的发展建设情况，当然这涉及到长期规划和短期规划。如果你只是短期租赁，那就不必考虑五年以上的发展前景，如果你是一次性投入购买产权，那就要多打探一下未来的规划情况，因为它可能带给你数倍的收益或者是损失。

店面的选择是一项需要耗费时间和精力且需要全面考量的工作，每一个环节的工作都要做到位，否则可能为后期的经营埋下隐患。作为选址的一方，既要眼光长远考虑到未来，也要聚焦于当下解决现实困境，这样才能真正实现LBS的无缝式服务，让用户需要你的时候能最快地找到你，社群和用户的关系就会变为温馨浪漫的"我在老地方等你"。

用户召之即来，自动聚集有妙用

好姑娘不是追来的，是吸引过来的。

这句话一度成为两性关系的热点，从某种角度看确实是道出了人际交往最微妙的一面：你足够有吸引力，我就会对你感兴趣；你真的太无聊，我也会远离你。其实，这也是社群和用户之间的关系写照。

当你还在为怎么吸引陌生人进群发愁的时候，当你还在为刚入群不久又退群的事情郁闷时，你是否想到：与其主动拉别人进来，不如把对方吸引过来呢？

这可不是说梦话。

2018年，乳业巨头蒙牛推出了首款纤维奶昔牛奶——"慢燃"，这个定义独特的新产品并没有走传统的线下推广模式，而是采用了新零售的人人社交和人人成交的模式，以社交媒介作为工具，建立多场景营销，结果上市半年销售收入就高达10亿元。显然，如果蒙牛采用传统的商场、超市的大众推销模式，很难准确抓取到客户，但是在构建了新的营销链条之后，对"慢燃"有兴趣的潜在客户就会被主动吸引过来且转化率高，这不就是自动聚集用户的真实案例吗？换句话说，这是营销思路上的LBS，通过社交定位"我的用户在哪里"，而不是在某个地方"发现谁是我的用户"。

从这个角度看，我们做社群做的是什么呢？营销吗？不对，从本质上讲做的是社交。

社群首先是一个遵守了社交法则的网上群落，然后才能是通过这种线上关系进行营销的组织。有的社群凝聚力很强，有的社群如同一盘散沙，从表面上看起来都发生了社交行为，区别就在于一个是深度社交，一个是普通社交。

只有当群成员和社群被打动，深入发生了关系以后，才能造就真正的社群。所以，我们完全可以把LBS的概念泛化，让它不仅仅是地理位置上定位用户，也能从心理距离上定位用户。

打个比方，你购买了一台笔记本电脑，然后进入了该电脑品牌的用户群，这时候你发现和其他群成员唯一的共同点是都买了同款电脑，此外再也找不到任何的联系了，那么这样的组织其实不是社群，只能叫做一个社区，因为成员之间是普通的关系。但是，如果在这个社区里具体分化，打游戏的进入一个社群，追美剧的进入一个社群，那么就有了真正可聊的话题，这时候的社群才是真正的社群。聊着聊着，你又想起身边还有人和你是同好，然后也把他拉了进来，这就是社群主动吸引的力量。

有了话题只是第一步，接下来，你们会通过聊共同爱好延伸到人生，那么有的人会吐槽打游戏被家人嘲笑长不大，有的人被吐槽看美剧是崇洋媚外……由此就上升到了"人艰不拆"的高度，从话题转移到了人生，彼此之间的关系就更加密切了，这就是有了归属感。

以共同话题和归属感作为两个重要的基点，社群成员之间互动频率就会更高，如果想要加成，还可以在话题分类的基础上加上同城分类，就像是小米在全国各地的同城米粉会一样，你也可以建立"上海数码爱好者社群"这类细分社群。有了地理位置的锁定，社群才有可能从普通群成员关系升级为深度群成员关系，自然就会有更多的人主动加入，因为这里可以聊爱好，聊人生，相互慰藉。

这就是一个具备深度社交特征的社群。当然，这样说未免有些笼统，在具体操作时可以尝试三种技巧。

第一，让用户有所得。

可能很多人会觉得，用户在我这里能买到价格便宜、质量过硬的产品，这不就是有所得了吗？如果这么想，请回头看我们说过的话，社群的本质是社交，不是营销，"有所得"不能落到产品上，要能满足用户的初心。

就拿我们常用的微信和QQ来说，它的有所得是为了让人加微商的吗？是为了让人们看公众号的吗？是为了玩小程序游戏的吗？当然不是，它最初也是最核心的目标就是让大家在网络上聊天，至于其他那些都是在满足了社交需求之外的副产品，同样，社群里要出售的东西也是副产品，而不是用户一开始就瞄准的目标。

打个比方，你是卖减肥产品的，社群的有所得不是卖给大家效果明显的减肥药，而是"三个月内瘦身5斤"或者"我要成为回头率百分百的女神"，这才是用户最想得到的东西，而你要出售的减肥药是实现这个目标的工具。为什么有的社群用户流失了？就是群主不断给大家安利进群买产品有优惠，把工具当成目标来卖，用户能不反感吗？所以，我们要把LBS加入进去，让用户知道我们不仅能帮助他们实现目标，还能告诉他们从哪里最快地买到产品，明确地理概念，这样哪个用户不愿意追过来呢？

第二，给目标制造冲突。

组建一个社群的出发点，不是拉一帮人干点什么，而是因为有了这么一帮人应该干点什么，简单说就是一群志同道合的人在一起做事。那么，大家就必须有一个共同的目标，这个目标的完成就是有所得。可是，只做到这一步是不够的，这就好比一部电影，主人公想要完成一个任务，然后他就完成了吗？当然不是，他要经历很多波折，最后克服困难才得以完成，这样的故事才精彩好看。同理，用户如果轻易就完成了目标，那还要社群干什么？你营销的产品存在的意义是什么？所以，我们要构建一种冲突。

还是以减肥产品为例，你给大家设定的目标是"三个月内瘦身5斤"，然后有的人就开始节食，有的人开始跑步，这就缺少了冲突所在，你应该告诉大家，节食不当会损害健康，跑步不当也会危害肌肉，采用暴力减肥的办法很容易产生反弹，得到的是一个亚健康的身体……你看，这就是冲突，让大家意识到减肥不是说干就干的事儿，要遵循科学原理，有了冲突，你的产品才有卖点，这时候拿出来向大家推荐，介绍它能够在不损害身体健康的前提下减肥。这样一来，大家才有尝试购买的意愿，也会把减肥路上遭遇的冲突讲给其他人听，当越来越多的人发现减肥不那么容易时，他们为了寻求方法，自然会主动进你的群寻求帮助。为了实现LBS，可以把用户按照地域划分到不同的社群，这样便于发货和线下交流，用户主动加入的意愿会更强。

第三，提供目标反馈。

人生最可怕的不是等待，而是永无止境的等待。适度的等待感，可能会吸引人们的注意力，可一旦人们失去了耐性，等待就变成了不可掌控的噩梦，所有人迟早都会离开。同理，当你在社群中给大家设定一个目标并构建了冲突之后，大家开始被你"套路"着去完成目标，这时候你要时刻提供反馈，让他们知道前面还剩下多少米。比如减肥产品那个社群，大家制订了目标，也买了产品，那么你可以定期地收集每个人的瘦身情况，然后告诉他们效果正在一点点地产生，再有多长时间就能取得阶段性的胜利了，这样一来，大家对产品的依赖更强了，对目标的完成意愿也更强烈了，会在社群中形成良好的氛围，外面的人了解这里的情况后，自然也愿意加入进来，就好像是有学习劲头的人都愿意和优等生在一起，这就能让你的社群源源不断地吸收新鲜血液。当然，如果条件允许，社群可以按照用户的地域分布进行线下的售后走访，让用户充分感受到LBS的服务亮点。

自动聚集用户的核心，就是告诉用户社群在哪里、产品在哪里、解决方案在哪里……一切都要关联到地理位置，这样才会给用户真实感，一如"老地方不见不散"一样，明确地理坐标，就是明确社群在用户心中的"坐标"，让他们对社群只想说一句话：既来之，则安之。

物理距离和话题热度成正比

现在做社群的都有这样的感觉，社群虽然越来越多，可活跃度越来越低。不少人参考了各种社群引流的办法，辛辛苦苦吸引了一大堆粉丝、准粉丝和潜在粉丝进来，本想着撸胳膊挽袖子大干一场，结果第二天就死气沉沉，什么宏伟目标都化成泡影了。

有人说，是因为大家懒了，不爱打字聊天了；也有人说，是短视频抢了社群的风头，大家都忙着刷抖音、快手去了。其实，人类对聊天的兴趣是不会减少的，归根结底还是话题出了问题。

话题的重要性可能会被一些社群忽视，他们觉得自己的社群有价值、有折扣，话题不过是起到了调节气氛的作用，可有可无。的确，按照定义来讲，社群是基于某种兴趣、关系和时间发展起来的在线交流组织。不过，这个定义有些笼统，很多有运营经验的人发现，话题是真正吸引大家入群的关键，也是维持社群活跃度的关键。那种依靠着兴趣、关系和事件建立起来的社群，其实还是为了创造话题而服务的。

好的社群，一定能用好的话题来保持活跃度，这就涉及到如何选择话题的技巧，以及如何让话题的参与感提升的技巧。参与感从何而来？是把话题引到身边来，用物理距离去增加热度，这也是对LBS的实践。那么，选择哪一类的话题适合社群零售呢？

第一，民生。

有关生活的话题永远是有热度的，因为大家都是普通老百姓，都要为柴米油盐而奔波，而这一类话题也十分有现实感，不会让人觉得遥远，所以你要设置的话题应该是"XX地的油价涨了"或者"XX地的房价跌了"，这样带着地理位置的话题就更有针对性，它就发生在社群成员的身边，和他们的生活都息息相关，大家都能拿出发生在自己身上的事作为谈资，所以热度会很高。

第二，热点事件。

任何一个热点事件都自带话题属性，甚至不需要社群管理者去制造，大家就能主动聊起来，这也是很多社群互动性最高的话题之一。比如在2018年春节，"啥是佩奇"成为了热点事件，网上展开了铺天盖地的讨论。因为小猪佩奇本来就是一个网络红人，无论是在小孩还是成年人中都有不少粉丝，所以可谈论的范围很广。但是，佩奇毕竟不是我们家里养的小猪，要用物理距离拉回到我们身边，所以你可以借着这个话题延伸出一个"在你们家乡，过年会给父母准备什么礼物呢？"这样一来，无论是不是佩奇的粉丝，都能找到参与感，而且社群还由此了解了每个成员的工作所在地和家乡的位置，便于以后开展线下活动，也能提供精准的LBS，比如"元旦特惠，直发你思念的故乡"，这样是不是更让人动容呢？

第三，情怀。

和生活类话题相比，这一类话题并不和人们的现实生活有关，而是一种精神领域的存在，但是它能够引起人们的共鸣甚至演变为情绪的宣泄点。比如张国荣的《霸王别姬》重映，比如当年的"QQ偷菜"等等，这些只要起个头都会有人随声附和，如果这时候群主再适当进行延伸，比如"你们那里的电影院重映张国荣的片子了吗？"这样一来容易引起大家的感慨，二来还能通过聊天了解不同地方的经济文化发展情况，便于精准刻画用户和LBS设计，比如有的城市文玩产品稀缺，那你可以把一些不贵的小文玩当做购物赠品，有的城市水果种类稀少，那你可以搭配销售，满足该城市的用户需求。

第四，行业大牌。

这一类话题是那些"云分析家"和"精神股东"最喜欢探讨的问题，比如苹果又出了新款iPhone和新款iPad，比如特斯拉的火箭又上天了等，它们可能和人们的消费生活有关，所以你就可以制造"你们家附近有手机专卖店吗"之类的话题，既能给所有人发言的机会，又了解了当地的商圈布局，也能帮助你是否要和当地的线下资源合作提供了参考，这都是未来提供LBS的基础条件。而且从长远来看，社群零售和实体门店是应该走向融合的，这个我们以后会专门讨论。

第五，八卦。

人类天生就有好奇心，八卦几乎是胎里自带的属性，当然女性通常会比男性更喜欢八卦，那么不妨借助这一类话题引起全体成员的共鸣。比较常见的是社会名流的逸闻趣事，不过这一类确实距离我们的生活很远，也不适合延伸到身边，所以最好选择生活类的技能八卦，比如"你们附近的商场经常有哪些打折活动"这一类话题，通过用户的介绍可以判断当地实体店的营销策略，如果存在着体验感差的情况，你也可以用LBS为手段参与竞争，弥补用户心中的缺憾，强化社群的服务优势。

第六，成长。

人从生到死，每天都在成长，这是一个伴随我们一生的话题，也是距离大家最近的话题，多和社群成员分享大家的成长经历，更容易塑造社群"家文化"的氛围。比如"你家附近都有哪些保存你记忆的地方"，这样的话题既能制造共鸣，也能提供给社群线下活动的思路：选择什么场所能唤醒大家的记忆并戳中泪点？这同样是基于地理位置的LBS服务。毕竟，归属感不只是心理距离，也和身处何方有关。

话题是保持高活跃度的重要基因,而在话题中巧妙地植入LBS的理念就是一种社群自动化的应用。哪怕你的社群运营模式老套,流程没有新意,甚至折扣力度有限,但只要你抓住了"话题+位置"作为互动的工具,保持稳定的输出,那么就有机会吸引到更多的优质用户。有了高活跃度,高变现率还会远吗?

网格化:谁的用户谁领走

前段时间,网上流传了一个"不同地区的康师傅有不同口味"的帖子,人们这才知道原来青海有"麻辣孜然羊肉面",广东有"老火煲猪骨面",就算是同一个口味的方便面,在不同地区的调料配比也不一样,比如四川的偏麻辣,西北偏酸辣。看来,康师傅真的是把入乡随俗的精髓学到家了。

可别把这个帖子只当成娱乐段子,其实它给我们一个重要的提示:针对不同地域的营销要有不同的变化,用一个专业的说法总结,就是网格化营销。网格化有广义和狭义之分,广义就是按类型划分，狭义就是按地域划分，我们讨论的网格化营销主要是基于地域的。那么，为什么社群要走网格化营销的路子呢？

第一，市场和消费者细分程度变高。

现在，买一块巧克力都有不同的纯度选项，更不要说结构和功能更复杂的产品了。消费群体进一步分化，这也是消费者心态成熟的表现，所以单靠一个社群去解决细分需求显然是不够了，因为这对群主的知识储备、运营精力都提出了严苛的要求，一旦操作失误就可能流失用户，但如果按照地域细分出不同的二级社群就能迎刃而解。

第二，个人网络服务的发展。

随着内容创业成为当代不少人奋斗的目标以后，大家更习惯于小而精的组织架构，比如专注某个领域的自媒体，这说明消费者越来越重视个性需求，再用大帮哄的方式管理成百上千的社群成员，等于抹杀了这些需求，用户自然不愿意消费。只有采取网格化营销，才能让不同地域的消费者都找到属于自己的组织，有话语权，有感兴趣的话题，自然就有了归属感和消费欲望。

第三，营销效能的弱化。

无论是获取线上流量还是线下流量，现在都比过去更难，其中一个原因就是细分市场出现以后，营销覆盖面是上去了，但是打击力度不够，这就像康师傅的那个案例，如果在不同省份的口味都一模一样，就算下沉到村里，也是缺乏本地化，违背了LBS的精神，用户会买账吗？所以网格化营销就是要解决因为地域而产生的消费差异化，这才是以用户为中心。

当社群走上网格化之路以后，也就推动了LBS的有效落地，当然这应该是社群达到一定规模之后才考虑的，如果在初始阶段，用户地域过于分散，网格化也就失去意义了。

2019年，国美在推出"家·生活"战略之后，新业务发展迅速，这就是选择了网格化社群营销的成果。原来，国美意识到传统电商的打法有些过时，就通过组织线上社群辅助线下营销，而网格化就是其中的一个加速器。通过"一大带多小"的网格状小商圈，实现了城市的全覆盖，这个思路既符合当今的下沉市场趋势，也是对社群营销的全新解读。

为什么大家推崇网格化社区管理呢？道理和网格化营销一样，它能够更高效地解决问题，那么我们该以何种思路去操作网格化社群呢？

第一，颠覆直线营销。

社群零售虽然是新生事物，但它身上仍然摆脱不了某些传统营销的窠臼，最典型的就是直线营销，没有把用户按照地域分类，没有把社群分化成更小的社群，全部都是由社群管理者垂直面对每一个社群成员，谈何效率？而且，从具体操作上看，一个社群把用户的地域划分的越清晰，和供应商、物流的合作也会更容易，牵涉到的利益纷争也会最小。社群零售，不要再妄想着去做大众市场，这条路不是不能走，而是走起来很艰难。从社交的角度看，越是小众圈子，话题的热度越高，因为出了这个圈子就找不到聊天的小伙伴了，而话题又是聚集社群凝聚力的重要手段，所以网格化才是大势所趋。

第二，建立立体式营销。

既然是网格化，那就是去中心化，不要想着以群主或者意见领袖为核心，这在社群创立初期有用，但是人多了以后影响力会随之下降，还会产生种种矛盾，所以要让每一个社群成员都能成为核心，让每一个潜在用户都有被转化的概率。而且，立体式营销可以最大程度减少犯错成本。打个比方，你只有一个社群，因为卖某件产品出现信任危机，那影响的不只是事主，还有群里的吃瓜群众，而如果你按照网格划分出了地域不同的社群，负面影响就会降到最低。同样，一个地方的订单增加了，那么可以适当减少该地区的物流费用，吸引同地域的其他潜在用户购买，这就是把优势放大了。

第三，避免正面竞争。

随着越来越多的人都开始玩起了社群零售，可以预见未来的市场竞争会相当激烈，重点自然就落在了争夺用户的注意力上。但是，如果走了网格化社群的路子，就能先行一步把用户的注意力吸引住，这时即便有外来力量，也很难从你手里抢走客户资源，因为你已经按照地域把用户划分好了，别的社群不可能提前做好这门功课，只能是生拉硬拽，无法提供针对性的LBS。

网格化营销，其实是用户思维的进一步拓展，它帮助用户治好了选择困难症，直接把他们带到了自己最感兴趣的柜台前，让他们体验到了LBS的人性化和便捷化，凸显出社群在用户分类上的优势和力度，这不仅是成功抓取了客户，还是成功套牢了客户。

开门送温暖：细数社区推广的小策略

曾经有人调查过现在社群有多么流行，调查结果如下：卖面条的建了社群，成员统称"面粉"；涮火锅的也建了社群，起名叫"锅友会"……笑过之余，你心里就没有一点紧张吗？既然人人都知道社群营销的重要性了，那么谁掌握了捷径，谁才能先人一步，否则就可能被活活饿死。

捷径是什么？我们先来拆解一下社群营销的本质，是IP+场景+社群。IP代表着产品IP或者群主的个人IP，场景就是用户的使用场景，它们和社群发生关联之后才是社群营销。进一步分析，距离用户最近的是什么？场景，因为在场景中才能找到使用者。

谁距离用户最近，谁就能最了解用户的场景，而这个距离不能只有一位用户，因为不具备代表性，那就是需要很多用户。想想我们身边，最符合这个条件的就是社区了。

社区是社群和用户沟通的最短渠道，成本低、效率高、方便线上和线下同步抓取，而且黏着度也高，因为"跑得了和尚跑不了庙"。最关键的是，社区本身就遵循了LBS的原则，直接就把用户"定死位置了"。那么，通过社区抓取用户有哪些好处呢？

第一，通过用户去挽留用户。

在一个彼此都是陌生人的社群里，就算会从生人变成熟人，但终究是建立在线上关系的基础上，远不如线下关系那样牢靠，这也是让很多社群管理者头疼的地方，有时候用户流失了也不容易找回来，微信被删除了，打电话不接……而如果线下有联系渠道，那就可以无限追踪过去。所以，一个社群中如果搞定了几个核心人物，通过他们的线下人脉留住用户、引进新用户，这是再方便不过的了。

第二，快速传递口碑。

虽然从理论上讲，线上的社交传递口碑更快，但这里有一个问题，那就是客户是否愿意为你传播，受众是否能够相信，这都要视具体情况来定。但是有着线下关系的社区就不同了，大家至少是点头之交，还有社区群这个联系更紧密的纽带，所以传播口碑的障碍会很小。

第三，顺应时代变化。

在互联网刚兴起的时候，几乎人人都有一些网友，因为那时候充满了好奇，但是随着网络普及速度的加快，这种现象反而有了衰退的迹象，这或许和线上社交的目的性变得更复杂有关：打着交友的旗号买东西，打着交友的旗号引流，打着交友的旗号传销……所以从吃红利的角度看，用户的消费习惯更倾向于推荐和熟人社交转化，那么，以社区为跳板的社群营销市场适应力更强。

试想一下，当你忙碌了一天下班之后，在小区看到了发传单的人，递给你的宣传单页上写着"XX代买菜，10分钟送到家，0元配送"，你会不会怦然心动呢？这可不是假设，现在很多互联网营销都开始了这种新模式，特别是线下生鲜水果超市，在外卖行业兴起之后也同步改变了思路，而它就可以当做社群零售的样板，也是LBS的实操方向。

利用社区做社群，看似是开历史的倒车，其实是在走新零售的路子，把线上和线下的优点相结合，屏蔽掉彼此的缺点，那么具体怎样操作呢？

第一，在居委会建立"桥头堡"。

社区居民委员会是重要的入口，这里的工作人员接触社区的居民最多，了解的情况也最多，那么社群就要首先取得他们的信任，利用自身的资源为居委会办几件切实的好事，同时说明自己的社群营销是方便社区居民的生活，能够分担居委会的部分工作。总之，多走动，多沟通，多展示自身优点，这个阵地并不难攻破，只要获得居委会的信任，就等于拥有了社区的销售市场。

第二，社区内推广。

如果居委会和物业不加阻碍，那么借助社区的公共宣传栏张贴广告也是不错的选择，虽然方式老套，但远比在社群里群发消息更有变现能力，因为做到社区推广这一步，客户画像已经非常清晰了，是针对年轻女性还是空巢老人，是针对上班一族还是家庭主妇，这些都能通过社区获得比较准确的信息，所以广告效应会非常明显。

第三，社区周边推广。

如果居委会或者物业并不支持你的宣传活动，或者你想再加一把保险，那么不妨在社区附近搞宣传活动，面向社区群众提供产品使用体验，当然成本要相对高昂一些，不过变现效率也比在线上要理想，这就要看你的选择了。宣传活动不仅是路演这一类的，也可以搞产品宣传讲座，当然这一类主要针对老年人，因为上班一族很少能抽出时间去听，不过也不代表产品只能卖给老人，可以把话题转移到"关爱子女""关爱第三代"上，就能通过老年用户在家庭内部传播了。

第四，上门营销。

这是一种非常老套的办法，但是对于一些质量过硬的产品来说依然有尝试的价值，特别是在有了居委会、物业等方面的肯定之后，推广工作的阻力会降到最低，那么下一步就是找准几户居民当做突破口，建议不要广泛撒网，集中力量拿下第一笔单子，然后通过给第一位客户各种优惠政策，让对方帮助宣传，借助社区营销特有的优势，形成链式传播。

第五，回归线上。

在前期推广工作取得一定的进展以后，这时候再把用户聚集到社群中，提供大家交流经验的机会，借助从线下捕获的客户资源，抓取他们的线上人脉资源，把社区人脉作为核心，延伸出"人脉的人脉"，演变为"泛社区"的灵活营销模式，真正发挥线上和线下营销的最大优势。当然，为了更好地实施LBS，"人脉的人脉"也要尽量集中在几个社区里，便于展开集群式的营销和售后，如果新客户过于分散，就要慎重考虑了。

从线上回归线下，并非是一种经济衰退、观念逆行的无奈，而是顺势而为的明智之举，也能屏蔽线上推广的某些风险，关键在于你能否转变思路，不要被传统电商的营销思路限制住。可以预见，未来某些社群，特别是个人社群，注定要走社区营销的套路，所以在这方面多积累资源和经验就非常重要了。

Part 7

社群零售新玩法

大数据就是高科技的新魔法

你的 KPI 让消费者去提高

抢资源不如抢地盘，抢地盘不如抢用户

新零售入口：哪里风大就从哪里吹

乱点鸳鸯谱：连接思维要放开

大数据就是高科技的新魔法

网上流传过这样一个段子：一位顾客打电话到某西餐厅，客服问对方的会员卡，当顾客说出卡号以后，客服一连说了三个手机号，问顾客用哪一个电话付费，顾客顿时惊呆了，问客服是怎么知道这么多电话的，客服说他们的客户管理系统关联了运营商的后台数据，这时顾客提出要点海鲜披萨，客服又说胆固醇偏高不适合吃海鲜，顾客这才知道，原来连医疗系统的数据也被连接了。

如今，随着消费升级和技术进步，社群零售也能够鸟枪换炮了，采用一些全新的技术手段来提高变现率，其中最有力的一个就是大数据。

大数据是指不能在一定时间内用常规软件捕捉和处理的数据集合，是需要进行二次处理才能发挥决策作用的信息资产。通过大数据，可以有效筛选出对社群零售最有价值的数据，能够服务于更多的用户。

有人可能觉得大数据距离自己很遥远，其实很近，网上有不少APP和平台都能提供相关的数据分析，比如FineBI、神策等等。所以无论是个人商家还是企业商家，数字化应用已经是业绩增长的必需了。对个人社群来说，本来就没有强大的后台支撑，再不依靠数据分析，那真是摸着黑走路，很容易误入歧途。想想看，为什么传统的线下零售会受到冲击？为什么网购能一而再再而三地捕获用户？因为很多线下零售都是一锤子买卖，而网购会不断地追踪用户，通过用户的购买记录、浏览记录和搜索记录等痕迹不断地进行精准营销，这样就强化了消费者和网络的联系，同为网络营销的社群零售，当然不应该放弃这个"传家宝"。

过去用商品把消费者关联到一起，消费者买一件产品就有了联系方式，然后就不断地推荐新产品，这种营销思路难免有强推的痕迹，往往让消费者苦不堪言，大数据分析就不会盲目地给用户推荐产品，而是抓住了用户的痛点，把对方吸引过来消费。

那么，大数据能够给社群零售带来哪些便捷呢？

第一，丰富的数据类型。

现在是一个多元化的社会，多元化造就了数据的多样性，文字是数据，图片也是数据，声音和视频同样都是数据，这些不同类型的数据有的来自网页，有的来自社交平台，还有的来自线下的娱乐场所。所以，在社群管埋者获取数据的时候，一定不能"挑食"。打个比方，有的人会觉得淘宝上的购物数据最有价值，就只收集这一类的，想看看大家都买什么我就卖什么，这就是典型的直线式思维。试想一下，有的产品一辈子怕是买不了几次，或者是在短期内不会考虑再买了，你盲目地进一批货还要卖给这些人吗？相反，如果你在百度收集了搜索数据，发现大家搜索"儿童健康食品"的数据很多，这代表着大家都有购买的意愿却没有购买的行为，这时候瞄准这个市场开进，才有机会捕获到目标客户。同样，腾讯掌握的社交数据，也能助社群创造话题、寻找活跃用户一臂之力。因此，数据是越丰富越好，千万不要只盯着某一类，这会影响你对市场的判断和整体的把握。

第二，大量的数据支撑。

大数据是海量数据的集合，不过这并不能证明大数据越多越好，而是重要的数据越多越好。比如有的消费者只是随意浏览了一个商品页面，很快就退出去了，这一类的浏览信息原本就没有什么价值。反之，那些用户反复浏览的页面以及多次购买的产品，这些才是有价值的信息，借助这类数据，我们就知道什么产品深受消费者欢迎，他们是否更多地通过网络购买，如果依赖网购，社群就有了用武之地。此外，还能通过大数据抓取同类别的客户，这些就是你变现的基础资源，你可以通过大数据分析精确定位他们，比如他们经常去什么样的论坛，使用什么即时通讯软件等，这就比广泛散网式的推广更有效率。

第三，实时的数据更新。

大数据不仅仅是越多越好，还应该是越快越好，因为现在社会发展节奏加快，今天人满为患的平台到了明天可能就门可罗雀了。所以，社群获取大数据信息，一定要实时更新，哪怕是多付出一些成本也在所不惜。因为数据的时效性代表着用户注意力的方向，比如过去大家喜欢到腾讯、爱奇艺这些大的视频平台去看节目，而现在不少人选择去快手、抖音上看段子，这就是一个数据更新，那么在你打算投放广告、软文或者其他推广手段时，要注意人群的变化，千万不要买了一点数据之后就用个三年五载，这样的数据不仅是低价值的，还可能误导你。

以上是大数据可能带给社群零售的好处，但是有心之人也会发现，大数据分析并非是一个决策性的建议，它还需要我们人工地进行筛选，作出准确的判断，不能想当然地去理解它。那么，要想正确地利用它，除了向高人请教之外，还可以照葫芦画瓢，从别人那里学习，这就是大数据的正确应用了。

多留心电商的购物平台，你会发现平台会根据用户的浏览和购买习惯生成新的推荐产品，比如有的用户购买了手机，平台就会推荐高品质的耳机；有的用户搜索了干果，平台就会推荐年货大礼包。你看，这些推荐都是合情合理的，不是同类产品的简单堆砌，这就是我们可以借鉴的地方。换句话说，通过用户的购买行为推导出他们的兴趣爱好，再从兴趣爱好回到他们可能感兴趣的产品上，这就是有价值的大数据加工。

除了电商平台，我们在社交平台或者其他APP上，总能看到"20~30岁的人必看"或者"XX省的人这里集合"之类的广告投放，这又给了我们启示：一定要精准描绘用户画像，从标题上就把他们的基本特征标出来，这样才能强化身份认同感，提醒他们"别跑了，我们已经找到你了。"

大数据的应用是一门学问，如果感兴趣可以深入研究，当然也要学以致用，从社群零售的基本需求和基本特点出发，把它们转化为驾轻就熟的利器。可以预见，未来是数据的时代，因为数据关联着用户，另一头可以连接到能够灵活运用数据分析的企业或者个人。既然社群零售要改变传统的商业模式，就必须借助新生的技术力量，大数据就是提高营销效率的新魔法。放心大胆地使用它才有机会打败对手，否则被打败的那个人就是你。

你的KPI让消费者去提高

一杯奶茶成本是多少钱？

有人算过，最多不会超过3元钱。可是，有的奶茶却能卖到二三十元，而且年销量将近10个亿，它就是喜茶。

为什么人们会不计成本地喝一杯普通的奶茶呢？因为围绕这杯

奶茶的是良好的消费环境、精致的杯具和艺术品级的糖料，这些附加价值让它拥有了强大的变现能力。

现在很多社群面临的问题是变现并不难，难的是"榨干"消费者的小荷包——提高变现率。为了达到这个目的，有的开启了无敌忽悠大法，有的尽量提高售价，也有的疯狂拉人……办法并没有错，但是结果又能多让人满意呢？现在我们来聊一聊，如何提高社群成员的变现率。

让消费者舍得花钱，首先要把"多花钱"这个概念改成"消费升级"。二者有什么区别呢？经常逛菜市场的人都经历过这样的场面：你让商家给你切二斤肉，上秤以后十有八九变成了二斤二两，或者是钱数凑成个整数，总之商家是变着法超出你的消费预期，这就是典型的"多花钱"，但不是"消费升级"。

什么是消费升级？它有两个特征，第一个是消费者心甘情愿的，第二个是档次上的升级而非数量上的升级。还是以买肉为例，你让消费者放弃买普通猪肉的计划，改买更贵的精品猪肉，还要让他们觉得这是提高生活品质，这才是消费升级该有的样子。

既然消费升级有这么大的变现魅力，我们怎么才能说服消费者呢？其实，促进消费升级的动因是认知升级，只有当消费者认识到多花点钱买精品猪肉，吃得更香更健康，这钱花的就一点不冤枉。

其实，如今整个零售业面临的机会和挑战都和"消费升级"有关，但是具体的情况不同。拼多多的创始人黄峥认为，消费升级是分层级的，有的人是从有到优，有的人是从无到有。

虽然互联网把过去因为地域造成的消费壁垒打破了不少，然而在认知方面仍然存在着壁垒，到底什么是最好的，什么是更好的，这在很多消费者眼中是存在差异的。所以，社群零售也要抓住认知升级这个工具，让消费者构建出新的消费参照体系，引导他们作出和原来不同的决策，而它的核心就是三个字：标准化。

如今我们和世界的联通性越来越高了，因为在全球范围内建立起了被大家认可的参照系统，比如国际标准、国家标准、行业标准。不要小看它们，标准的存在帮助我们提高了沟通和流通的效率。具体到社群零售上，你可以告诉群友们，你的产品符合了什么标准所以才比同类产品要贵一点，这个标准代表着质量、健康和品味，当大家逐渐了解了标准背后的意义时，也会接受与之匹配的价格。有朝一日，当群友们高喊着"我们只认XX标准的产品"时，这就意味着认知升级了，消费也升级了，还愁没有钱赚吗？而且，当一个社群有了标准之后，会让社群成员更容易作出选择，社群管理者也不必大费口舌地介绍每一类产品，只要把相应的标准列出了就行了：A产品符合国际标准，B产品符合国内标准，价格是……清晰透明，简单易选。

有人可能担心，标准化貌似是一个专业的概念，我和消费者怎样解释才好呢？万一说错了不会被认为是欺诈吗？其实，只要你的产品质量没问题，确实也符合标准，那么消费者很少会去较真，你只要把不同标准的主要特征描述清楚就可以了。

记住，一个人说的话是一个人的认知，而如果是一群人也这样说，就成为一个社群的共识。有了共识，这个社群才能真正打造属于自己的IP，社群成员的消费观念才能被聚合。

制定社群标准只是第一步，当大家普遍了解并接受这些标准之后，社群就可以通过标签化来提高档次了，最直接的方式就是建立会员制。这个会员制，和我们前面说过的付费会员是两个概念，付费会员只是针对社群而言，而会员制是针对产品和品牌，付费会员代表的是权限，会员制代表的是身份。

当社群引入了会员制的概念之后，就能提高社群成员的留存率，而他们停留的时间越长，对新会员的引进就越有说服力，从而形成一个良性循环。这样一来，通过社群零售的社交概念，就把会员制体系成功地搭建起来，成员之间的心理认同也会发生微妙的变化，而这个变化是可以提高变现率的。

打个比方，你的社群里有人加入了国际标准的会员，有人加入了国内标准的会员，前者价格贵一些，后者价格便宜一些，开始大家可能没什么感觉，但随着时间的推移，国际标准的会员能够享有更多的增值服务，国内会员看了以后能不心动吗？能不产生心态变化吗？很可能就会有一部分人申请加入国际标准的会员，然后又带动更多的人进行消费升级。

单纯的交易关系，不会促动消费者认知升级，但是通过社交，人与人的攀比心理就会发生作用。

标准化和会员制，其实就是重新定义传统营销中的"用户、产品、市场"，把用户变成会员，让他们主动掏钱购买更高档次的产品；把产品贴上不同的标签，让售价不容置疑；将市场分级任人选择，满足不同的需求。三个构成要素有了新的诠释，社群零售才有了新的出口，因为消费环境不变，消费者的观念是很难改变的。

在互联网时代，不少人正在通过社群融入到线上产品的交易中，作为社群零售的创业者们，也应该跟随时代的变化引导自己的用户消费升级。只有借助外力，才能减少营销的压力，才能变被动为主动，所以要适时地先放下交易关系，回归到人与人的各种社交心态上来，这样才会发现人性的弱点，利用这些弱点悄无声息地改变消费者的认知，而这就是大把变现的前奏。

抢资源不如抢地盘，抢地盘不如抢用户

得用户者得天下。在这个全民做生意的年代，谁动了我的奶酪尚能忍，谁动了我的用户那就是深仇大恨了。

现在，社群零售的战役打得如火如荼，然而战法却不尽相同。有的和供应商有过硬的关系，拿货拿到最低价；有的人脉广，结识的大咖多，社群里不愁意见领袖……不过比来比去，这些似乎并不

能决定战斗的最终胜负。因为，最终起决定性作用的还是人。人数不够，进货价再低也卖不出你满意的数字；人数不够，意见领袖说话也没几个人记笔记。归根结底，如果把抢资源的精力用在抢用户上，效果才是最好。

前面我们讲过社群的吸粉大法，今天我们换个角度，把粉丝看成是流量，而且还是别人家的流量，研究一下怎么从别人手中抢走用户。首先，我们要注意三个问题。

第一，知道什么时候引流。

抢用户的确有赌运气的时候，但你的脑子里还是要有一个清晰的计划，这样即使撞大运概率也更高一点。比如在常规的时间把握上，你要了解大多数用户的时间，不能趁着大家睡觉的时候去引流，这个无法一概而论，要根据你锁定的用户群体来推断。不过需要注意的是，节假日的前几天不要搞大规模的活动，因为这时候很多人正忙着出行，无暇顾及这些线上的活动，所以选择下班后、睡觉前、周末这些常规时间点是比较稳妥的。

第二，知道怎么变换角度引流。

你在一个妈妈群里发"冲锋衣打特价了"，估计没几个人会搭理你，更别说跟着你"私奔"了。但是如果改成了"老公，这款冲锋衣要人命了"，在里面植入相关的广告，就能引起别人注意，这就是通过"中间用户"去获取目标用户的引流方式。同理，针对已婚男性发布化妆品的信息也一样会引起关注，比如"警惕，你老婆开始用这些化妆品了"。归根结底，谁能戳中用户的痛点，引起用户的注意，谁抢到的用户就越多。

第三，知道该遵守什么法则。

引流有两个内容值得重视，一个是要引起受众的共鸣，另一个就是要抓住意见领袖。引起共鸣大家都知道，就是通过换位思考，找到用户最关注的问题，比如针对已婚人群的亲子教育问题，大龄青年的婚恋问题等，这些平时多看看热点新闻就容易发现。抓住意见领袖，就是把"群杀伤"改成了"点杀伤"，不考虑怎么抓住一群人，而是找到一个拥有话语权的人，给予各种你能兑现的好处把他们拉过来，让他们变成你的杠杆，去撬动另一头人数更多的用户，这样能够帮你节省不少时间。

谈完了引流需要注意的问题，我们再来聊聊有哪些引流的玩法。注意了，这些玩法可能会比较"疯狂"，虽然存在一定的风险，但收益率也是相当可观的。

第一，玩流量池。

流量池是最近几年出镜率很高的词，它比流量更加吸引人，因为流量池意味着巨大的变现基数，谁距离流量池最近，谁就能捞出更多的金子。具体的玩法就是，分成多个层次去玩：最外面的一层是流量池，也就是你能抢过来的用户，高低价值不一，而第二层就是你原有的用户，是你通过精准定位拉来的高价值用户。

为什么要有两层用户？核心用户是用来转化被抢来的用户的，它们之间是流动的关系。怎么流动呢？首先，当你找准了要抢的目标社群之后，通过一堆小号渗透进去，然后以免费的课程或者免费试用作为诱饵，把用户挖过来。在用户进群之后，让群里的管理员马上跟进：如果是免费课程，成本几乎为零，而免费试用就要设置一定的门槛，比如到店签到、转发朋友圈等，这样就能筛选那些只为图便宜的低价值用户。

在这个抢用户的过程中，管理员或者群主进行付费的课程或者非免费产品的推广，注意一定要突出花钱之后的好处，比如付费课程请到了某位知名大咖讲课，购买产品能够享受低于市场价的优惠等，目的就是吸引大家掏银子。

经过两轮的筛选之后，流量池里的流量开始向核心用户群里流动，你会捕获到更多有价值的用户。同样，核心用户群里被高估的用户，也会随着这轮大潮被边缘化，最后经过整合之后留下的核心用户含金量最高。

玩流量池的抢人需要把握两点：一个是免费的东西一定要有吸引力，不管是虚拟的还是实物的，可以价值不高，但要有特点，比如造价低廉但款式新颖的小玩意或者一听名字就想学的特别课程；另一点就是不管是核心用户群还是流量池都要有专人管理，千万不能在筛选完之后就放手不管了，这样不利于持续转化。

第二，"建群狂魔"。

所谓"建群狂魔"，是在人力和时间相对充沛的情况下的跑马圈地式的玩法，虽然听起来有些野蛮和冒险，但是效果还是非常明显的，那就是通过"诱饵"把别的社群的用户拉进来，不要管他有多大的变现价值，只要是活人就行。拉进来以后干什么呢？让他们转发海报或者文案，然后提交给人工审核，认为没有造假之后就给他们一定的奖励，至于奖励什么根据你的能力上限来定，可以是小红包，可以是虚拟优惠券，也可以是某个收费资源的下载链接，总之别太寒酸就行。

这种玩法的模式十分简单，当形成一定规模以后，你就有了一大堆社群，因为时不时地会发送奖励，所以大家不会轻易退群，也会把对原来社群的注意力转移到你这边来，这时候再来一轮的转发有奖之后，就可以心安理得地安利产品。因为之前尝到了一点甜头，总会有人愿意掏钱捡便宜，运气好了可以在短时间内疯狂变现。

疯狂建群的关键点就是诱饵的设置，可以用钱当诱饵，也可以用权限当诱饵，还可以用稀有的影视资源当诱饵，具体还要看你是否锁定了有清晰特征的目标人群。当然，疯狂建群可能会遭遇"滑铁卢"，比如诱饵设置失败没人过来，比如吸引的都是一群老油子没人掏钱买账，再或者因为搞得过于疯狂被平台封号了。总之，你要做好打败仗的心理准备，这样玩起来才能更轻松自如，不要给自己设定过高的目标，重压之下人往往会作出错误的判断。

第三，社群网红。

这种方法速度不快，但是效率会很高，它的核心要义是在社群里打造一个人设，通过人设来维护和用户之间的信任关系。乍一听，这和我们之前讲过的东西重复了，其实不然，我们在社群里竖起来的人设并不一定就是群主本人，也可能是你雇佣或者邀请过来的门面。打个比方，你找了一个年轻漂亮的小姐姐当"群主"，她在很多社交平台上都有粉丝，也有自己最擅长的技能：比如能歌善舞、懂礼仪形象或者会彩妆换脸等，总之要有技能，也要有性格特点。

找到了一个有卖点的网红，就可以让他/她以群主的身份建群，然后吸引其他社群的成员进来，这就像是同样卖豆腐，你有了一个"豆腐西施"，当然过来买的人就多了。这些来自别的社群的成员过来以后，"豆腐西施"并不需要经常在线，可以找人冒充，只有在需要露脸或者出声的时候再拉过来，这样就能低成本地维系"网红就在我们社群"的表象。那么，通过一段时间的互动，大家和网红之间的联系程度越来越紧密，从路人升级为死忠粉，那么接下来再带货就容易很多了。

网红人设的打法，不能找真的名气很大的网红，一来你负担不起人家的出场费，二来人家可能把你的群友一波带走，所以找有点潜质的人就可以了，毕竟这个年代人人都想一夜成名，那我们何不抓住这种心理培养社群的形象大使呢？说不定合作愉快了，你就拥有了属于自己的合作伙伴。

想要从别人手中抢走用户，就得比别人维护用户投入更大的成本、更强的魄力、更高的视角、更精的分析，因为这不是普通的引流套路，而是从别人口中抢饭吃，它的争夺意义大于转化意义，因为有流量才有转化的可能，当流量还在别人那里时，再好的营销策略也是纸上谈兵。

新零售入口：哪里风大就从哪里吹

2017年，马云说了一句震惊互联网的话：纯电商已死，未来就是新零售。阿里巴巴对新零售的解读是融合，怎样融合？需要一个入口。

这个时代，谁找到了属于自己的超级入口，谁就拥有源源不断的流量，也就有了可以持续运营下去的资本和底气。

做社群零售，首先要转变的不是模式，而是思维，因为好的模式是需要匹配好的思维的，一个别人成功的样板给了你，你却用老旧的思维去运营，同样也会毫无收效。现在大家都盯着社群零售这块肉，能沉得住气固然重要，可吃到嘴里才是最实惠的。那么，要想打破这个僵局，就必须进行突破性的创新。什么能够造成突破？入口。

入口是人们在网络上活动时，经常选择的那个始发站。比如我想交个朋友，我选择了微信；我想和老板沟通，我选择了钉钉；我想买一件衣服，我选择了淘宝……入口决定了用户的需求以及行为模式，谁占领了入口，谁就拥有了用户。

现在我们探讨的，就是当你有了实体店或者线下资源以后，如何找到入口，再通过社群作为途径提高变现效率。首要的一点就是，你要打破坐商的思维，不要坐等着顾客上门，而是积极找到自己的入口。

第一，定位"超级入口"。

什么是超级入口，就是流量巨大的入口。同样都是路，有的路走的人多，有的走的人少，它们都能看成是入口，可是带来的流量是不同的。那么，锁定超级入口就是第一步。打个比方，你有儿童用品的资源，什么才是你的超级入口呢？幼儿园、小学、补习班，这些都是，那你要做的就是和这些入口建立关系，在他们组织活动的时候提供一定的赞助，赠送给小朋友一些礼品，但是不要马上打广告，因为这些机构比较忌讳这些。

第二，设计交易流程。

找到超级入口以后，你就有机会接触到家长了，一些小朋友也会对你的东西感兴趣，这时候如果有家长反映孩子喜欢赠品，你可以继续无偿提供，但是要提出条件，就是要带着孩子去你的门店或者合作方的门店里领取。这样做的好处就是让产品场景化，当孩子和家长置身于一个消费场景时，一件小小的赠品恐怕已经不能满足他们的需求了，这时你才算是真正开张。那么，通过这个回合的接触，客户从入口走进来，了解了你和你的产品，又产生了消费行为，这一类客户自然是高价值的。

第三，创造利润点。

看完前两步，估计有人会头疼，这前期都是免费赠送，得搭进去多少钱呢？其实这是一个需要平衡的问题，关键在于你怎样设置利润点。比如，赠送给小朋友的礼品要么好玩要么好吃，量可以不大，但要保持一定的特性，而这些投入是必须的。这里有一个技巧就是，赠品可以种类多但不用数量多，这能让小朋友对每一种产品都有体验感，结果就是每一种都会买一些，还能避免单品类小朋友不买账的情况。另外，在家长带孩子去门店这个环节中，怎样设置优惠活动非常重要，比如把赠品设计得吸引人一点，小朋友看了以后会为了赠品加大购买量，带动变现效率。

第四，进入社群。

如果说前三个步骤是线下营销，那么第三个步骤就是线上营销。至于什么时候开始这个环节，那要看你的线下资源吸引了多少客户，当足够撑得起一个社群时，你就可以通过开展各种优惠活动吸引大家入群。比如儿童产品，社群的主题可以是亲子关系，可以是儿童健康，也可以是教育心理学等，总之定位到一个你能掌控住的主题上。有了主题，家长们就有了话题，再配合营销套路，用户自然愿意进群。

这是一个很重要的拉客阶段，为了社群规模的最大化，你可以通过返利的形式激励家长们多帮你拉人，切记要多给一些实惠，不然对方很难有足够的动力，这也是用客户去拉客户的老套路，却非常管用。随着社群规模逐渐扩大，还可以遵照网格化的营销思路，按照年龄划分出几个二级社群，这样无论是营销还是交流都会更有方向性，你的社群也成功地进行了裂变。

第五，保持线下热度。

当社群进行裂变时，不要忘记保持线下的热度，因为门店是你的命脉，也是抓取客户的第一现场，所以在日常社群运营期间，要找准时间点开展线下活动。比如节假日的特别优惠活动，再比如通过线下领取线上活动的奖励等，这样才能深度绑定用户和门店的关系，而把社群视作助推剂。

第六，满足到家需求。

如今"到家需求"已经成为一种消费潮流，现在不仅仅是送餐上门，送药也可以上门，还有其他各种代送代买的服务，这说明消费者更看重生活的品质和效率了，所以如果线下资源允许开通送货到家的服务时，请一定要搞起来。特别是像亲子母婴这一类的产品，不少都是家庭主妇下单，不方便也不愿意去太远的地方收货，即使是普通的快递也可能被放在自取柜或者收发室，那么送货到家就成为了优势。

上述几个操作步骤虽然是以儿童产品作为例子，但是对成人来说也是一样的，因为只要是人，都会对华而不实的东西缺乏抵抗力，也会为了某个赠品不去计算其中的利害得失，我们要说明的是如何抓住一个入口并通过入口引导进社群的过程，只要抓住消费者容易步入的误区，捕获客户并非难事。

说到底，入口思维是借助了移动互联网发展的大背景，也是参照了新零售的模式：让消费者在线上选购，在线下交易，把社群定义为一个"中转站"，只不过这个中转站不仅仅是走过场，而是要通过成员之间的互动把弱关系变为强关系，这就是找到入口之后又构建了绿色通道，那么在前方等待你的就是美丽的诗和远方。

乱点鸳鸯谱：连接思维要放开

教育界流传着一句话：教育是什么？是一棵树摇动另一棵树，一朵云推动另一朵云，一个灵魂唤醒另一个灵魂。其实，营销何尝不是如此呢？一个客户能够影响另一个客户，一个市场也能带动另一个市场。

为什么会发生上述的关联呢？因为万物之间都有连接的可能。前面我们提到了入口思维，现在我们来谈谈连接思维。

连接思维还不算是一个正式的名词，具体到社群零售商，我们可以把它看成是一种新解决思路：利用社群作为谈判的筹码，和线下资源进行联动。和入口思维不同的是，连接四维专指你还没有获得线下资源，仅仅是在线上运营社群有了一点点成绩，这时候你的发展方向可以不去和其他社群正面"硬刚",而是通过连接线下壮大自身的实力,这就是社群零售的新玩法之一,它的核心就是打破传统电商思维的创新,反哺线下。是的你没听错,做社群的确是要争夺用户,但矛头未必是直指线下,相反你最强大的竞争对手是在线上,他们和你一样想方设法去引流,你们之间的战争才是你进我退的战争。

其实从新零售这个概念提出以后,不少人就觉得未来市场的标配就是社群和门店相结合,换一种说法就是终端和社群相结合,这是一种营销模式,也是一种合作方式,甚至可以预见:未来有实体店就会有社群,有社群也一定会有门店,单一做实体店或者社群,很难在市场竞争中站稳脚跟,这不仅是一种新玩法,也是一种新趋势。

也许有人觉得言过其实,只要门店有一定的客流,有没有社群又能怎样呢?其实这是一种混吃等死的做法,因为没有社群的所谓熟客,他们和实体店的绑定关系是非常脆弱的,对于产品的品牌推广和渠道深耕都抱持着消极态度。也许放在十几年前没问题,可如今新的经营思路层出不穷,你不变,别人在变,这就等于给自己堵死了退路,给别人多开了一条生路。

那么,当社群和门店合作以后会产生哪些积极的效应呢?

第一,社群成为门店的Wi-Fi网络。

现在的用户是流动性非常强的用户,他们每天接触海量的信息,哪里有打折信息,哪里加入会员半价,他们都能够在第一时间得知，远不是依靠回头客就能吃饱饭的线下营销时代，那么社群就可以起到Wi-Fi的作用，随时都能够把用户从远处抓回来，告知他们"我们有更优惠的活动！"这样就能把营销模式像无线信号一样随时发送出去，让社群成为实体店的传声筒。借助这个优势，你就能跟实体店谈下最低的价格，帮助他们输送客户，而受益于较低的进货价，你的利润空间也会提高。

第二，社群成为门店的赋能工具。

"赋能"一词在最近几年很火，它可以理解成为一种加成或者加分的技能，让原本并不怎么出彩的事物变得光芒四射。与其我们整天考虑如何给社群赋能，不如换个角度，让社群给实体店赋能，这样社群的自有优势不就凸显出来了吗？一个门店经营的再好，有了社群的加成也会超越之前的业绩，因为社群能够发挥链接用户、激活用户和传播品牌的作用。社群可以通过带话题，把一个原本平凡的产品打造成爆款，而这其中的技巧我们之前也探讨过了，比如讲营销故事，比如玩网红人设，方法多种多样，只要选对了路子就大有成功的概率。

第三，社群成为门店的氛围调节者。

开门做生意，难免遇到各种纠纷，最常见的就是顾客登门和店家争得面红耳赤，不仅可能导致冲突升级，还会影响店面的口碑，但是如果有了社群情况就不同了，用户的第一反应是去社群投诉，而社群管理者只要及时作出反馈并承诺解决问题，那么用户基本上不会直奔线下，毕竟没有谁生来愿意吵架，这就缓解了实体店的售后纠纷压力，也能体现出社群管理者对群成员的调节能力，单凭这一点，实体店就很难直接把用户从社群中抢走。

其实，社群管理者不必担心与实体店合作会让客户分流，现实的情况是，很多门店虽然也搞社群零售，然而实际效果并不理想。比如有的企业门店竟然在中秋节向群里推销几毛钱的胡萝卜，根本不懂用户的消费需求，规模再大也是"死群"。所以，社群和门店的连接，可以帮助双方扬长避短，最终取长补短，走出一条代表着新方向的营销模式。

退一步说，即使与门店合作面临着用户分流的可能，那作为社群管理者，难道不会尝试着创办自己的实体店吗？只要社群运营状态良好，这样的实体店并不需要多大的规模，也不需要华丽的装修，更不需要黄金的地段，它的使命就是线下和社群成员的连接纽带。毕竟在未来，只会做社群和只会做门店都是单一技能，是无法和强大的对手相抗的。

以上针对的是个人社群，如果是企业社群，那重点就不在怎样和门店合作，而是怎么打通门店和社群的连接关系上，比如不能把社群理解为用户的网上交流平台，买完东西让人家加进来就不管了，而是应该按照我们之前讨论的各种经营策略去强化互动，让用户发现这是一个好玩、暖心的社群，这才是真正实现了连接，否则只是贴上个社群的标签，根本不具备活性。

现在，海尔、娃哈哈、蒙牛等知名企业，都在努力探索基于交互环境下的社群零售模式。连行业大咖都在重构新营销体系，难道还不足以说明社群和实体店应该深度连接吗？目前的情况就是，一些做线下的往往不会照顾用户，那么有了社群，就多增加了一种激活和维系用户的工具和手段。同理，做线上的也能够避免被用户嫌弃是"空壳子"，门店就会成为社群IP的实体形式，强化品牌效应。

未来几年很可能是社群零售的分水岭，懂得把终端和社群结合起来的，和传统电商、传统线下营销相比，就具有更强的市场生命力，也能成为用户最放心的购物形式，所以社群和门店这个鸳鸯谱，还真要好好"点一点"。